HA

P

Harriet Lummis Smith

POLLYANNA

și comorile ei

Traducere din limba engleză de
Emilia Cristea

SOPHIA / METAFRAZE
București

Corector: Diana-Cristina Vlad

Ilustrație copertă: Camelia Popa

Traducere după originalul în limba engleză: Harriet Lummis Smith, *Pollyanna's Jewels*, Grosset & Dunlap, 1940.

Descrierea CIP a Bibliotecii Naționale a României
SMITH, HARRIET LUMMIS
Pollyana și comorile ei / Harriet Lummis Smith; trad. din lb. engleză de Emilia Cristea – București: Editura Sophia: Metafraze, 2018
ISBN 978-973-136-649-4
ISBN 978-606-8997-02-5

I. Cristea, Emilia (trad.)

CAPITOLUL I

Când ce e mai rău a trecut

După ce au așezat tot mobilierul în lăzi, au pus vasele de porțelan în butoiașe goale de zahăr și au împachetat tablourile în cutii de toate mărimile, iar casa te ducea cu gândul la un schelet lustruit de timp, Pollyanna și-a spus că au scăpat de ce era mai greu. La fel și-a spus și a doua zi, când s-au mutat în casa cea nouă; când adevărate baricade de mobilă le tăiau calea și, trecând dintr-o cameră în alta, nu se simțeau cu nimic mai prejos decât Napoleon pe coastele Alpilor; când au descoperit că lucrătorii le căraseră toate ustensilele de bucătărie la etajul trei și când, la ora șase seara, paturile în care întreaga familie ar fi trebuit să doarmă se sprijineau încă de pereți ca o ceată veselă de bețivi. Iar acum, la capătul a douăzeci de ore, s-a încurajat cu gândul: „Ei, poate că mâine va fi mai bine."

Ce-i drept, duseseră multe lucruri la bun sfârșit după numai douăzeci de ore. Paturile ședeau sfidătoare și drepte pe podelele goale, ca și cum ar fi vrut să șteargă amintirea beției de mai devreme. Scaunele, eliberate din strânsoarea lăzilor, se adunaseră prin colțuri la taifas, parcă întrebându-se când avea să se mai termine și asta. Bufetul se umpluse cu farfurii și oalele și tigăile cotropiseră întreaga bucătărie în timp ce, în pivniță, o grămadă strașnică de vreascuri creștea văzând cu ochii.

Jimmy nu trebuia să se prezinte la noul cartier general până luni și, zelos ca întotdeauna, și-a dedicat fiecare clipă casei. Era de mare ajutor, firește, iar Pollyanna îi purta o recunoștință fără margini; dar și-ar fi dorit, uneori, să se mai descurce și singur când venea vorba de lucruri pierdute. Îi părea că, fără înfloritură, petrecea mai bine de jumătate din timp în căutarea lucrurilor de care Jimmy avea nevoie.

– Pollyanna!

Chemarea i-a ajuns la urechi tocmai când, cățărată în vârful scării pliante, rânduia câteva borcane cu jeleu pe raftul cel mai de sus, acolo unde James cel Mic nu ar fi izbutit să le găsească.

– Pollyanna, unde păcatele mele e ciocanul?

– Ciocanul? Păi, tocmai ce l-am văzut pe pian.

– Nu mai e acolo. Nu s-a mai pomenit până acum, a declarat Jimmy cu patos, să ne dispară toate lucrurile din casă. Am munci de două ori mai cu spor dacă nu ne-am vedea nevoiți să alergăm după fiecare flecușteț.

Pollyanna a coborât de pe scară și i-a pornit în ajutor. Uneori, când Jimmy lăsa să se înțeleagă că ciocanele și alte unelte trebuincioase făceau pur și simplu picioare și se ascundeau undeva, părea că spusele lui nu erau cu totul lipsite de temei. Au căutat zadarnic mai bine de zece minute, apoi Pollyanna a găsit ciocanul cu totul din întâmplare. Căci, dând cu ochii de cizmele Celui Mic în mijlocul coridorului, ca și cum ar fi vrut să plece la plimbare de capul lor, le-a ridicat ca să le dea la o parte din drum, iar una s-a dovedit neobișnuit de grea. Cum asemenea mistere îi erau binecunoscute, Pollyanna nu s-a mirat să găsească ciocanul înăuntru.

– Măi să fie!

Glasul lui Jimmy dădea de înțeles că enigma trebuia dezlegată pe loc.

– Cum a ajuns ciocanul tocmai acolo?

– Păi, poate că...

– Au trecut cumva copiii pe aici? Bag mâna în foc că iar ne-a jucat Cel Mic o farsă.

– Nu, Nancy are grijă de copii în camera de zi, iar ușa a rămas închisă.

– Dar, Pollyanna, cineva trebuie să fi făcut-o, a spus Jimmy cu toată convingerea. Jur că n-am fost eu. E la mintea cocoșului că un ciocan nu poate să sară de pe pian și să se ascundă într-o cizmă de cauciuc.

– Poate că l-ai pus pe maldărul acela de perne de pe canapea, Jimmy. Sunt atât de alunecoase... Iar cizma s-a întâmplat să se găsească la locul potrivit ca să îl prindă când a căzut.

Jimmy a luat ciocanul fără să mai scoată vreo vorbă, dar a clătinat cu încăpățânare din cap, de parcă ar fi dat de înțeles că, deși o asemenea lămurire ar putea mulțumi unele capete luminate, nu era nici pe departe îndeajuns pentru el; iar Pollyanna a dus cizmele la etaj și le-a încuiat într-un dulap, drept pedeapsă pentru purtarea lor urâtă. Apoi, cu toate că nu avea timp de pierdut, și-a îngăduit o ocheadă în camera de zi, pe care o păstraseră pentru copii și în care Nancy tocmai le purta de grijă.

Bărbatul lui Nancy, Timothy, murise pe neașteptate cu un an în urmă și, la o zi după înmormântare, Nancy însăși a cerut să se mute în casa Pollyannei.

– Nu mi-a fost dat să am copii, domnișoară Pollyanna, dar și dacă aș fi avut, n-aș fi pus pe ei mai mult preț decât pun pe dumneata. Și numai când îmi trec prin minte servitoarele din ziua de azi, care irosesc până mai că-ți vâră mâna în buzunar și fac ceva ce nu s-ar cuveni de cum te întorci cu spatele, mă prind asemenea griji încât aș lua tot și aș veni să lucrez pentru dumneata.

– Dar, Nancy, a strigat Pollyanna, strângându-i mâna bătătorită de muncă, firește că ar fi minunat să te am lângă mine, dar trebuie să te gândești la binele tău. O familie cu copii mici e greu de ținut. Știu că Timothy ți-a lăsat ceva moștenire și că nu ești nevoită să-ți dai sufletul muncind.

– Păi, domnișoară Pollyanna, poate că nu sunt nevoită, dar munca grea e cel mai bun medicament pentru suferințele mele. Și, de altminteri, dacă lucrez pentru dumneata și pentru cei mici nu-i ca și cum aș lucra doar pentru bani, deloc, deloc.

– Nancy, dar înțelegi că va trebui să părăsești Beldingsville? Ești sigură că vrei să faci asta?

Nancy a zâmbit cu tristețe.

– Din întregul Beldingsville, numai la căsuța mea am ținut cu adevărat. Iar acum, când Timothy nu mai e, n-a mai rămas din ea decât o adunătură de camere cu niște mobilă azvârlită prin ele. Dacă sunt cu dumneata, domnișoară Pollyanna, și cu domnul Jimmy și cu copiii, n-are să-mi fie dor de Beldingsville.

Și astfel, timp de un an, Nancy s-a dovedit a fi un ajutor de nădejde, ușurându-i Pollyannei poverile și luând asupra ei grijile și îndatoririle unui adevărat membru al familiei. Mai apăreau și unele neajunsuri, firește. Cum ținea morțiș ca domnișoara Pollyanna să nu se lase trasă pe sfoară de vreun negustor lacom de la oraș, Nancy se ciondănea cu lăptarii și cu vânzătorii de gheață, iar spălătoresele veneau și plecau, căci Nancy se tot plângea de cusururile și de puținătatea muncii lor. Dar, cu toate acestea, Pollyanna se simțea ocrotită și recunoscătoare să o aibă pe Nancy sub acoperișul ei.

Pollyanna s-a oprit în pragul camerei de zi, ascultând vocile ciripind înăuntru. Hotărâse încă de dimineață că vor câștiga timp dacă lasă copiii în grija cuiva. Când Cel Mic s-a împiedicat de o ladă și a căpătat un cucui, iar micuța Pollyanna s-a cățărat până în vârful scării și a strigat: „Uite că zbor!” și când, timp de o clipă plină de groază, nimeni nu a știut dacă bebelușul a înghițit sau nu un cui, Pollyanna, Jimmy și Nancy au venit în goană din câte un colț al casei și au pierdut minute bune asigurându-se că nici un copil nu era grav rănit. Ca să-și cruțe și timpul, și nervii, s-a dovedit de folos să îi închidă pe copii într-o cameră și să stea de pază cu rândul. Pollyanna își făcuse datoria mai devreme, iar acum Nancy ședea tihnită în balansoar, ținând un ochi pe cei doi drăcușori și cârpind o ruptură urâtă din pantalonii Celui Mic, făcută de un cui ce-și scosese vârful prin lada de la parter.

Când mama lor s-a ivit în ușă, copiii și-au părăsit jucăriile cu strigăte de încântare. Până și bebelușul, care nu stăpânea încă arta complicată a mersului, s-a săltat pe piciorușele tremurânde, ținându-se de gratiile țarcului și a surâs ștrengărește.

Pollyanna îi mărturisise lui Jimmy în mai multe rânduri că avea să fie îngrozitor de geloasă dacă își va vedea vreodată copiii prinși atât de strâns în mrejele altcuiva, încât nu vor cădea pe dată în extaz la vederea ei. Cu acest prilej nu avea de ce să se plângă. Cel Mic a prins-o de o mână și surioara lui de cealaltă, în timp ce, de cealaltă parte a încăperii, bebelușul gângurea vesel și își arăta cei doi dinți de care era nemaipomenit de mândru.

– Asta-i mâna mea, a strigat Cel Mic, strângând degetele mamei la piept și aruncându-i surioarei o privire obraznică.

– Am și eu o mână, cu inel la ea.

– Păi, oricum, asta-i mâna cu care o strânge pe-a altora – și cu care mă mai altoiește.

Cel Mic suferise, ca toți copiii, de nesiguranță când venea vorba de mâna cu care se dă binețe, iar acum, cu lecția temeinic însușită, nu pregeta să-și arate cunoștințele.

Când mama s-a așezat și a luat bebelușul în brațe, Cel Mic a întrebat cu îngrijorare:

– Mamă, acum poți să ai grijă de noi în locul lui Nancy?

– Încă nu. Mai am destulă treabă de făcut.

– Dar ai fost plecată mult timp.

– Nu chiar atât de mult, a spus Pollyanna cu fermitate. Am trecut doar puțin, ca să văd dacă ați fost cuminți.

Simțind că-i venise rândul, Nancy a cugetat câteva clipe în tăcere și a răspuns:

– Așa și așa, domnișoară Pollyanna. Cel Mic a tras-o pe Judy de păr nu cu mult timp în urmă.

Fiica Pollyannei îi purta numele, dar nimeni nu îl folosea cu adevărat. La o vârstă fragedă, Cel Mic protestase, declarând că „dincii" lui sunt prea mici pentru asemenea cuvinte mari. Până și celorlalți li se părea mai ușor să o strige pe micuța nou-venită „iubire" și „dulceață" și alte titluri prea simple ca să fie puse în cuvinte. Apoi Judith Thayer, într-una din vizitele ei grăbite, s-a văitat mai mult în glumă că bebelușul nu primise numele ei și a început să o strige „Judy", iar Cel Mic i-a urmat pe dată exemplul. Poreclele sunt, fără îndoială, îngrozitor de molipsitoare. În timp ce Pollyanna și Jimmy îl așteptau pe Cel Mic să uite de numele cu care o înzestrase pe micuță, au început pe negândite să-l întrebuințeze chiar ei. Iar, până una-alta, Judy rămânea Judy, ca și cum așa ar fi fost botezată.

– Ai tras-o pe Judy de păr! s-a îngrozit Pollyanna. Vai de mine, James cel Mic! Credeam că mă ajuți purtându-te cum se cuvine.

– Dar am făcut-o ca să te ajut, mamă, i-a explicat Cel Mic în pripă. Voiam să-i îndrept buclele, ca să nu mai fie atât de greu de pieptănat.

– Dar, James cel Mic, i-ai fi frânt mamei inima!

Pollyanna a mângâiat creștetul plin de bucle al lui Judy. Multe mame își văd visele înflorind în copiii lor, iar buclele negre și strălucitoare pe care Pollyanna își dorise din tot sufletul să le primească în rai deveniseră o bucurie în această lume, neștirbită la gândul că nu creșteau pe capul ei.

Nancy încă nu terminase ce avea de spus.

– Se pare că lui Judy i s-a făcut puțin dor de casă. Acum ceva timp a zis că vrea să se întoarcă acasă și, când i-am spus că acum stăm aici, a plâns.

– Vai, iubire!

Pollyanna și-a eliberat un braț și a tras fetița lângă ea.

– Doar nu vrei să te întorci în casa cea veche și să-i lași pe tata și pe mama și pe fratele tău și pe surioara ta și pe Nancy aici?

Judy a șovăit.

– Nuuu, a răspuns ea în cele din urmă. Da' nu-mi plac casele fără haine pe ele.

Pollyanna a privit încăperea goală și neprimitoare și a zâmbit.

– Știu, draga mea, dar îmbrăcăm camerele cât de repede putem și în curând o să ne simțim ca acasă.

Vocea disperată a lui Jimmy a răsunat din coridorul de la parter.

– Pollyanna, avem vreo mătură în casa asta?

– Păi, desigur; mai multe, chiar.

– Atunci ar fi bine să cobori și să găsești măcar una. Am căutat peste tot. S-au desprins șuruburile când am vrut să agăț un tablou, iar pe jos n-a mai rămas nici un ungher fără cioburi.

– Vin îndată, a strigat Pollyanna veselă.

A sărutat bebelușul, l-a așezat înapoi în țarc și a pornit spre ușă, zăbovind doar o clipă ca să-i răspundă Celui Mic la o întrebare. Cel Mic avea obiceiul cam îngrijorător să strige întrebări ciudate, din senin.

– Mamă, crezi că Dumnezeu ar sta într-un uragan?

Pollyanna a coborât scările râzând. Spre deosebire de multe tinere mame, i se întâmpla rareori să uite de copii în iureșul treburilor. Până și în acea zi, cu tablouri sprijinite de pereți și cărți îngrămădite prin colțuri și cu scaunul bebelușului îngropat sub un maldăr de covoare, cinci minute lângă copii o învioraseră și îi dăduseră puteri noi ca să poată porni din nou la atac.

I-a înmânat lui Jimmy mătura și fărașul pe deasupra, apoi i-a povestit ce-i mai trecuse prin minte Celui Mic, iar Jimmy a chicotit, măturând cioburi de sticlă.

– Acum o săptămână sau două, în mijlocul furtunii, m-a întrebat de ce ține Dumnezeu cu tot dinadinsul să facă asemenea zgomote cumplite atunci când vrea să plouă. Nu vreau să mă laud, Pollyanna, dar îți spun că avem niște copii grozav de isteți. Uneori îl compătimeam pe sărmanul Watson – ți-l amintești pe Watson. Venea la birou și ne povestea tot ce-i scoseseră pe gură odraslele și ne plictisea pe toți de moarte. E ciudat cum își închipuie unii că au niște minuni de copii.

Pollyanna s-a aplecat peste un butoi gol și a zâmbit la adăpostul întunericului.

– Poate că toți părinții își închipuie că au niște minuni de copii, a spus ea din adâncurile butoiului.

– Așa se pare, dar cred că mi-aș da seama pe loc dacă unul dintre copiii noștri ar fi la fel de neghiob ca ai lui Watson. Mulțumesc lui Dumnezeu că nu avem de ce să ne facem griji în privința asta. Unde spuneai că trebuie puse rafturile de cărți?

Pollyanna a văzut că vorbele ei nici măcar nu-l atinseseră și l-a iubit și mai mult pentru asta.

Vremea culcării trecuse de mult când au hotărât că munciseră destul pentru ziua aceea. Copiii dormeau de câteva ore bune, iar Nancy, supunându-se poruncii neînduplecate a Pollyannei, urcase în camera ei de la etajul al treilea. Mobila ședea în mare parte la locul ei, rafturile de cărți erau pe jumătate pline, iar câteva tablouri atârnau pe pereți. Pollyanna avea cearcăne vineții sub ochi și își trăgea picioarele dintr-o cameră în alta. Chiar și Jimmy a declarat că două sau trei zile asemenea aveau să îl pună la pământ.

Pollyanna a adormit aproape de îndată ce a pus capul pe pernă; dar, în timp ce se lăsa cotropită de o încântătoare moleșeală, s-a smuls din mrejele ei cât să spună:

– Dragă, măcar ce-a fost mai rău a trecut.

CAPITOLUL II

Vecinii

Casa cea nouă se afla în Boston, într-o suburbie de curând construită. Înăuntru și afară, totul era atât de luminos, de strălucitor și de modern, încât ai fi putut crede că răsărise peste noapte, ca o ciupercă. Toate casele de pe strada Elsinore aveau câte un alcov pentru micul dejun, iar vopseaua era atât de proaspătă încât, dacă o atingeai, îți examinai degetele ca să vezi dacă nu cumva s-au pătat. Peluzele erau chiar mai noi decât casele și, ca orice nou-născut, aveau nevoie de multă grijă. Copacii, plantați la distanțe egale de-a lungul trotuarului, câte unul pentru fiecare casă, nu puteau promite umbră decât pentru anii ce aveau să vină.

Curând, Pollyanna a aflat că în case locuiau îndeosebi tineri și că mulți dintre ei aveau mici familii. Când toți copiii din cartier se iveau în același timp pe stradă, părea că tocmai ieșiseră de la școală și mai cu seamă de la grădiniță. Cel Mic și Judy erau în culmea fericirii cu atâția tovarăși de joacă la îndemână, dar mama lor își înfrâna entuziasmul. Pollyanna nici nu se gândea să își crească copiii departe de lume. Tovărășia altor micuți, contactul cu cei de afară, făcea parte din educația lor. Dar, în același timp, copiii din vecini nu erau, poate, cei mai potriviți tovarăși, cu toate că apropierea le făcea prietenia aproape de neînlăturat.

Întâmplător, vecinii din cele două case alăturate aveau copii și, din purtările celor mici, Pollyanna a căpătat cunoștințe însemnate despre mame, fără să le fi întâlnit măcar o dată.

Micuțul Jack Warner, care își auzea doar rareori numele după ce un tânăr umorist din cartier îl botezase Jack Horner[1], era ciudat de spilcuit. Avea hainele mereu curate, fără nici o încrețitură, iar fața și mâinile lipsite de orice pată, încât Pollyanna nu se îndoia măcar o clipă că mama lui îl chema înăuntru și îl spăla cum se cuvine măcar la fiecare jumătate de oră.

În casa de pe cealaltă latură locuia o familie pe nume Hunt, iar Pollyannei i-a trebuit oarecare timp să le afle numărul, căci grădina lor era mereu plină de copii. Doar din văzute, ar fi putut crede că tinerii Hunt numărau între zece și douăzeci de capete. Cu timpul, a aflat că erau doar cinci, iar educația primită de la doamna Hunt răzbătea din discursul pe care Pollyanna o au-

---

[1] *Micul Jack Horner*, poezie pentru copii din literatura populară engleză cunoscută încă de la începutul secolului al XVIII-lea *(n. trad.)*.

zea strigându-l din pragul ușii sau de la o fereastră de la etaj, cu supărătoare regularitate.

– Copii, opriți-vă, opriți-vă chiar acum! Când se întoarce tata am să-i povestesc cât de obraznici ați fost, ca să vă dea la toți o bătaie pe cinste.

– Mă bucur grozav pentru Hunt, a mormăit Jimmy când Pollyanna l-a informat despre metoda doamnei Hunt. Dacă nevastă-sa își ține cuvântul, serile îi sunt plăcute și odihnitoare și închipuie-ți numai cu câtă nerăbdare îl așteaptă copiii să se întoarcă! N-am să te las să crești familia de una singură, a declarat Jimmy, trecând de la ironie la sinceritate deplină, dar să fiu al naibii dacă vreau să mă ia copiii drept polițist.

Prima cunoștință a Pollyannei s-a dovedit o anume doamnă McGill, a cărei grădină se învecina cu a ei. Când a ieșit într-o dimineață să atârne rufele bebelușului la uscat, o voce plăcută i s-a adresat peste gardul viu.

– Nu vreau să pierd prilejul să mă prezint, a spus vocea. Sunt vecina dumitale, doamna McGill.

Pollyanna a lăsat lucrurile copilului în iarbă și, apropiindu-se de gard, i-a întins mâna.

– Sunt doamna Pendleton, a spus ea zâmbind.

– Mă bucur mult să te cunosc, doamnă Pendleton, cu toate că nu îndrăznesc să-ți strâng mâna. Tocmai săpam straturile cu flori și am mâinile îngrozitor de murdare.

– Iar ale mele sunt ude, a râs Pollyanna. Dacă dăm mâna ne vom umple amândouă de nămol.

– Popoarele din răsărit își dau binețe strângându-și propriile mâini, nu-i așa? a întrebat doamna McGill.

Și-a împreunat degetele murdare de țărână, făcând gestul cu mult farmec, apoi a urmat:

– Știu, firește, că de abia v-ați mutat și că întreaga casă e cu susul în jos, dar te-ar încurca niște flori?

Pollyanna i-a zâmbit larg.

– Florile nu mă încurcă niciodată.

– Atunci am să-ți culeg câteva până termini de atârnat rufele. Și trebuie să-mi dai voie să îmi împart grădina cu dumneata pe timpul verii, căci e prea târziu să vă faceți una.

– Întârzierea ne poate servi drept scuză, a explicat Pollyanna, dar nu cred că la anul va fi mai bine. Nu ne-am priceput niciodată la grădinărit, a urmat ea cu tristețe. Copiii nu țin niciodată seama și calcă straturile în picioare – dacă izbutim să plantăm ceva. Cel Mic e atât de nerăbdător să vadă ce se petrece cu semințele, încât le dezgroapă de două sau de trei ori pe zi. E mare lucru dacă apucă măcar iarba să crească.

– Nu mă lovesc de asemenea greutăți, a spus doamna McGill. Nu am copii și îmi rămâne destul timp pentru flori, pentru muzică și pentru tot ce-mi place, mai cu seamă de când mi-am pierdut soțul.

Zâmbetul nu-i pierise, dar vocea ei melodioasă căpătase o notă de amărăciune, iar Pollyanna s-a uitat la ea cu oarecare compătimire. Era o femeie mai în vârstă decât ea, de cel puțin patruzeci de ani, destul de frumoasă și radiind cu fiecare mișcare o pricepere greu de pus în cuvinte. Pollyanna s-a convins de îndată că doamna McGill avea să fie o vecină nespus de agreabilă.

Nu atât din curiozitate, cât din dorința de a prelungi conversația, a întrebat:

– Cânți, nu-i așa?

– Da, cu regularitate. Sunt în corul bisericii.

– Sper să lași fereastra deschisă când exersezi.

– Ce vecină încântătoare am! a spus doamna McGill râzând. Mă gândeam că așa va fi, iar vorbele tale o dovedesc. Dar nu vreau să te mai țin nici o clipă din treabă, ești, cu siguranță, foarte ocupată.

Și, când Pollyanna a terminat de întins hainele micuțe pe frânghie, o aștepta un buchet mare de flori.

– Nu-ți poți închipui un cartier mai prietenos, l-a informat Pollyanna pe Jimmy. Vezi, e foarte ușor să-ți faci cunoștințe, căci dacă unul dintre copii se lovește și începe să plângă, toate mamele ies în goană din casă, crezând că e copilul lor, știi și, odată ce ne lămurim, ne punem la vorbă și toate sunt atât de cumsecade... Îți amintești că am locuit o iarnă cu mătușa Ruth când eram mică?

Jimmy a încuviințat din cap, fără să scoată o vorbă. Oricâte lucruri ar fi uitat în anii ce urmau, iarna aceea avea să și-o amintească pe veci.

– Păi, mătușa Ruth și-a dat silința să mă convingă că toți cei din Boston sunt foarte, foarte ceremonioși și trebuie să fi făcut treabă bună, căci, de îndată ce am aflat că vom locui în Boston, m-a cuprins neliniștea. Mă temeam să nu avem vecini cam reci.

– Cred că puțini dintre vecinii noștri s-au născut și au crescut în Boston, a răspuns Jimmy. În vremurile acestea agitate, orașele au început să-și amestece tradițiile. Iar mătușa Ruth, oricât de cumsecade ar fi ea, îi va găsi cam ceremonioși pe locuitorii oricărei părți a lumii, a adăugat el cu zâmbetul pe buze.

– Poate că da, e atât de respectabilă... Iar eu nu voi izbuti niciodată să îi calc pe urme, oricât de mult m-aș strădui. Cât timp rămân așa cum sunt, a sfârșit Pollyanna cu un suspin de mulțumire, mă bucur că strada Elsinore e atât de prietenoasă.

Dar Pollyanna avea să afle curând că prietenia străzii nu era lipsită de prejudecăți. O săptămână mai târziu, i-a dat încuviințare Celui Mic să meargă în grădina vecină, unde tocmai fusese construit un leagăn pentru Jack Horner. Pe rând, li s-au alăturat alți copii, printre care patru dintre cei cinci tineri Hunt, iar adunarea a devenit atât de gălăgioasă, încât Pollyanna a găsit că ar fi mai înțelept să le urmărească jocul îndeaproape.

Copiii se jucau destul de pașnic, deși zgomotos, și, convingându-se că nu era nevoie să le strice plăcerea, Pollyanna i-a privit cu adevărată bucurie. În scurt timp a dat cu ochii de un nou venit care, asemenea ei, părea să fi auzit tărăboiul. Era un copil pe care nu-și amintea să-l mai fi întâlnit până atunci, bine îmbrăcat și cam sfios. Se apropia pe furiș de grupul cufundat în joacă, lăsându-se descoperit abia în ultima clipă.

Jack Horner l-a văzut cel dintâi pe străin. S-a oprit de îndată din joc și i-a ieșit amenințător în întâmpinare. Ceilalți copii s-au întors către el și, sub privirile lor reunite, micul intrus a dat înapoi; nu îndeajuns de departe, însă, cât să îl mulțumească pe Jack Horner.

– Ce cauți la mine în grădină? a strigat el. Pleacă, până nu te dau eu afară.

Pollyanna, care se alia din instinct oricărei ființe în necaz, a coborât în goană treptele din vârful cărora văzuse cum își întâmpinase Jack musafirul.

– Jack! a strigat ea. Jack dragă, vino încoace!

Era pe cale să-l instruiască puțin în ceea ce privea buna-cuviință, la fel cum l-ar fi instruit și pe Cel Mic într-o astfel de împrejurare; dar, înainte ca Jack să-i răspundă, doamna Warner a apărut la fața locului, iar Pollyanna i-a lăsat cu bucurie sarcina de a-și educa fiul.

Dar doamna Warner i s-a adresat celuilalt băiat, nu lui Jack, iar Pollyanna a tresărit la auzul vocii ei tăioase. Nu și-ar fi închipuit că i se putea vorbi unui copil cu asemenea răceală.

– Philip! a spus doamna Warner. Nu știi că nu ai voie să te joci aici?

În loc de răspuns, copilul și-a luat picioarele la spinare. Alerga cu disperarea unui animal hăituit, iar Pollyanna s-a uitat în urma lui, neobișnuit de tulburată. Philip era, fără doar și poate, un băiețel grozav de neastâmpărat, dacă se văzuse gonit așa, fără prea multă vorbă; cu toate acestea, i se părea nedrept că un copil de o seamă cu Cel Mic fusese tratat ca un răufăcător.

Dând dovadă de cruzimea vârstei lor, ceilalți copii și-au reînceput de îndată jocul, iar Pollyanna, privind după fugar, a dat cu ochii de doamna Warner, care se apropiase de gard ca să îi vorbească, fără îndoială. Căznindu-se să zâmbească, Pollyanna i-a ieșit în întâmpinare.

– Cred de cuviință să te lămuresc ce-i cu băiatul, a spus doamna Warner, coborându-și precaută vocea, deși Jack și prietenii lui făceau o asemenea larmă, încât n-ar fi fost cu putință să tragă cu urechea. Dacă nu ești cu băgare de seamă, va încerca să se joace cu copiii dumitale. E foarte obraznic, după cum tocmai ai văzut.

Pollyanna nu reușea să înțeleagă de ce copilul cu pricina era mai obraznic decât oricare altul.

– E chiar atât de rău-crescut? a întrebat ea.

– Păi – nu l-am întâlnit îndeajuns de des ca să știu. Dar locuiește în casa de pe colț.

Pollyannei nu-i venea să-și creadă urechilor. Greu și-ar fi închipuit că o casă de pe colț merita atâta dispreț, cu toate că doamna Warner părea să lase altceva de înțeles. Întâlnindu-i privirea descumpănită, doamna Warner a zâmbit.

– Am uitat că te-ai mutat de curând, a spus ea. Firește că nu înțelegi. Dar aici, pe strada Elsinore, casa de pe colț e un secret rușinos.

– Vai de mine! Avem un secret rușinos! a exclamat Pollyanna. Îmi pare atât de rău...

– E revoltător că asemenea oameni au pătruns în cartierul nostru, a strigat doamna Warner cu vehemență. Iar cei mai mulți dintre noi am cumpărat casele în care locuim și, vrem sau nu, suntem nevoiți să rămânem, chiar dacă avem vecini rău famați.

– Rău famați!

– Puțin spus. Și bărbatul, și femeia și-au părăsit familiile ca să fugă împreună. Umblă vorba că ea a lăsat în urmă trei fetițe. Firește, când au sosit, nimeni nu le cunoștea trecutul și i-am primit ca pe oricare alți nou-veniți, însă, printr-un noroc, un musafir știa întreaga poveste. Firește că de atunci ne-am purtat ca și când n-ar exista pe lume, dar se pare că femeia n-are rușine și nici că-i pasă.

– Vai, ce păcat! a strigat Pollyanna fără să vrea, iar doamna Warner a tresărit.

Apoi a înțeles că Pollyanna se gândea la Philip, nu la mama lui, și s-a liniștit pe dată.

– Da, firește că e greu pentru băiat. Dar nu-i putem îngădui să se joace cu micuții noștri. Până și copiii care vin din familii respectabile ne dau destule bătăi de cap.

– Poate că ai dreptate, a oftat Pollyanna, dar inima îi era grea.

Jimmy nu cunoștea strada Elsinore decât din povestirile Pollyannei, căci muncea din greu. Pleca de acasă în zorii zilei și deseori nu se întorcea până târziu, așa că sarcina de a-l lămuri în privința noilor vecini cădea în seama Pollyannei. În acea seară sosise rândul familiei din casa de pe colț și al băiețelului care fugise, iar vocea ei îl ducea cu gândul la un cântec în cadențe minore.

La sfârșit au rămas în tăcere, până când Cel Mic a strigat de pe scară:

– Mamă, vreau să te întreb ceva!

– Dar, James cel Mic, credeam că dormi. Să te întorci în pat de îndată.

– Dar, mamă, spune-mi mai întâi dacă băiețeii din China merg și ei tot acum la culcare.

– Cred că da. Ah, nu! Am uitat. În China e dimineață.

– Atunci am să-ți spun ce vreau să fac când cresc mare, ca tăticul. Vreau să sap o groapă până în China și să-mi dau drumul în fiecare seară până acolo, ca să se facă dimineață. Pe urmă, când se face seară acolo, o să mă urc înapoi aici și-o să se facă iar dimineață. Și n-o să mai merg niciodată la culcare.

– Păi, până termini de săpat groapa, trebuie să mergi în pat și să rămâi acolo, i-a răspuns Pollyanna cu fermitate.

I-a ascultat pașii îndepărtându-se în goană, apoi zâmbetul cu care întâlnise privirea lui Jimmy s-a frânt și s-a prefăcut într-un suspin.

– E de o seamă cu Cel Mic, a spus ea.

Jimmy a înțeles că vorbea despre Philip și, cunoscându-și bine soția, i-a ghicit cu ușurință gândurile.

– E greu pentru micuț, a spus el cu blândețe, dar, pe de altă parte, nu ne putem lupta pentru el pe socoteala copiilor.

Pollyanna nu i-a răspuns, iar el a urmat:

– Dacă îl primim pe Philip în casa noastră, știind ce cred toți vecinii despre el, copiii noștri vor rămâne fără prieteni și ar fi nedrept. La urma urmei, trebuie să ne gândim mai întâi la ei. Poate vom locui aici timp de zece sau cincisprezece ani, iar primele lor prietenii vor avea mare însemnătate. Apoi, Pollyanna, nici nu știm dacă îl vrem pe copilul acesta în preajma Celui Mic. Mă îndoiesc, ținând seama de familia din care vine.

– Poate că ai dreptate, dragă.

Vocea Pollyannei tremura.

– Dar e atât de micuț...

– Știu. Iar legea care face păcatele părinților să cadă asupra copiilor e cumplită. Singurul lucru bun la care mă pot gândi este că, dacă un bărbat are în el măcar o fărâmă de bună-cuviință, se va ține departe de ispite amintindu-și că urmașii îi vor purta povara greșelilor. Acum să vorbim despre ceva mai plăcut. Ai primit vreo scrisoare de la mătușa Polly?

Conversația, schimbată pe neașteptate, și-a urmat cursul cu veselie până la ora culcării. Nimeni nu a mai adus vorba despre Philip; dar o ființă mică și lăsată în prada uitării, lipsită de prieteni și suferind pentru păcatele altora, i-a vizitat Pollyannei în acea noapte visele.

CAPITOLUL III

O nenorocire nu vine niciodată singură

Fiecare mamă, oricât de ageri i-ar fi ochii, află în cele din urmă lucruri de neînchipuit despre copiii ei. Pollyanna veghease fără încetare asupra Celui Mic încă din clipa nașterii și, cu toate acestea, rămânea uneori mută de uimire la vederea unor purtări de care ar fi putut să jure că nu avea să dea dovadă vreodată. A avut parte de o asemenea surpriză neplăcută în dimineața unei zile grele, când Jimmy își chemase un prieten la cină, un tânăr pe nume Lindsay, proaspăt sosit în oraș și atât de sfios încât, lăsat în voia lui, ar fi rămas singur pe vecie.

Pollyanna o ajuta pe Nancy să pregătească desertul, când un cor de voci ascuțite i-a ajuns la auz.

– E rândul tău, James cel Mic, a strigat Jack Horner din mijlocul tărăboiului. Haide!

Iar Cel Mic a răspuns, bâlbâindu-se puțin, așa cum făcea când îl cuprindea entuziasmul:

– P-piatra mea n-nu-i destul de mare.

Pollyanna a scăpat telul din mână. În mâna Celui Mic, chiar și o piatră foarte mică prevestea dezastrul. Nimerea rareori ținta, firește, dar avea darul să lovească totuși ceva, fie fereastra vecinului, fie un ghiveci cu flori sau o sticlă cu lapte. Ieșind în fugă pe veranda din spatele casei, Pollyanna a dat cu ochii de un grup de băieți strânși în jurul Celui Mic, care ochea, ridicând brațul deasupra capului. I-a urmărit privirea și i-a găsit ținta, un pisoi flămând și nefericit, care-și spăla fața sub un tufiș de trandafiri din grădina doamnei McGill cu acea dragoste pentru curățenie pe care neamul pisicesc o posedă cu prisosință mai mult decât oricine pe lumea aceasta, chiar și decât oamenii.

Îndeobște, Pollyanna nu dădea multă însemnătate năzbâtiilor Celui Mic. Dacă îl prindea cu o minciună nu se mira prea tare, căci văzuse că până și adulții mai măsluiau uneori adevărul ca să scape din încurcături. Se aștepta chiar să nu i se supună de fiecare dată, căci dorința de a-și îndeplini voia e adânc sădită în firea omului. Dar nu și-ar fi închipuit nici măcar o clipă că micuții ei ar fi putut da dovadă de cruzime.

Cel Mic se străduise zadarnic, căci o mână l-a prins de braț și l-a tras înapoi. A scăpat piatra dintre degetele înțepenite și, răsucindu-se, a întâlnit privirea cea mai mustrătoare de care avusese parte vreodată.

– James cel Mic, a spus Pollyanna cu un glas care se potrivea privirii. Intră în casă și urcă-te în pat.

Era o pedeapsă cumplită. După cum îi mărturisise odată lui Jimmy, Pollyanna era încredințată că James cel Mic ar fi ales să primească o chelfăneală în fiecare oră dacă, astfel, ar fi scăpat de amenințarea unei zile întregi petrecute în pat, chiar și atunci când putea să-și țină de urât cu niște jucării. Cel Mic nu izbucnea cu ușurință în plâns; dar, când a primit verdictul de temut, s-a împotrivit, strigând printre lacrimi:

– Mamă, nu mă pune să fac asta! O să fiu cuminte.

– Fă ce-ți spun eu, James cel Mic. Și, dacă nu mă asculți pe dată, ai să rămâi toată ziua în pat.

Scoțând niște hohote care dovedeau o suferință groaznică, Cel Mic a pornit înspre casă, dar Jack Horner i-a sărit în apărare.

– E pisica nimănui, doamnă Pendleton. Adică – nu-i decât o pisică de pe maidan.

– Și crezi că așa vi se poate ierta cruzimea, Jack? Mi-e rușine de voi.

Băieții au schimbat priviri pline de înțeles și s-au împrăștiat, încurcați, în timp ce, la umbra tufișului de trandafiri, pisoiul sfrijit s-a spălat ferit de orice primejdii.

Oricât de grea i-ar fi fost ziua, Pollyanna nu s-a putut împiedica să nu se gândească la neajunsul pe care Cel Mic și-l dăduse singur în vileag. Nu plănuia să-și destăinuie grijile de față cu oaspetele, dar purtarea neobișnuit de supusă a Celui Mic a trezit pe loc bănuieli și, odată ce micuții au mers la culcare, Jimmy a întrebat:

– Ce ispravă a mai făcut Cel Mic?

Pollyanna l-a lămurit fără veselia care însoțea îndeobște o asemenea istorisire și, văzând câtă însemnătate dădea întâmplării, Jimmy a încercat să o mângâie.

– Păi, dragă, nu pune prea mult la inimă. Firește că toți băiețeii se poartă ca niște sălbatici, dar cei mai mulți se cumințesc după o vreme.

– N-aș spune că Cel Mic se poartă ca un sălbatic, a protestat Pollyanna. De cele mai multe ori e foarte prietenos și înțelegător. Plânge mai curând când se lovește Judy, decât atunci când se lovește chiar el. De altfel, a încheiat ea pe neașteptate, mă învinuiesc doar pe mine pentru ce s-a întâmplat astăzi.

– Chiar așa? Atunci e de datoria mea să găsesc o pedeapsă potrivită.

Pollyanna nu a izbutit să-i zâmbească.

– Celui Mic nici nu i-ar fi trecut prin minte să facă una ca asta dacă s-ar fi împrietenit cu animalele. Firește că le-a învățat numele jucându-se și a aflat câte ceva despre obiceiurile lor din povești, dar nu s-a apropiat niciodată de ele, ca să știe că și ele sunt ființe care simt, iubesc și suferă. Pisoiul acela nefericit a fost doar o țintă mai demnă de interes decât sticlele cu lapte. Dar, dacă ar fi avut vreodată grijă de un pisoi, l-ar fi cuprins mila pentru sărmanul animal rătăcit.

– Poate că ar fi vrut să-l ia de suflet, a adăugat Jimmy.

– Tot ce se poate. Eu o scoteam din minți pe mătușa Polly, fără doar și poate, aducând acasă tot felul de animale hoinare. Nu-i mereu ușor, dar mai bine așa, decât să le facă rău.

Apoi Pollyanna s-a întors spășită către oaspete.

– Vai, domnule Lindsay, iertați-ne cuvântarea aceasta lungă despre creșterea copiilor.

– Am găsit-o deosebit de interesantă, a răspuns tânărul, cu zâmbetul lui sfios. Un lucru e sigur, doamnă Pendleton. Nimic nu-i trezește mai multă bucurie unui băiețel decât tovărășia unui câine. Am avut și eu anii lui și știu.

S-a întâmplat că, a doua zi, Pollyanna a avut parte de o împrejurare minunată ca să dea glas noilor sale învățături. Căci Jack Horner îi povestise mamei cu de-amănuntul despre rușinea Celui Mic și, la una din adunările pe care Jimmy le numea în glumă „Sindrofia mamelor", doamna Warner a adus cu părere de rău vorba despre întâmplare. La urma urmei, Jack era cu câțiva ani mai mare decât Cel Mic și până și mama lui înțelegea că el fusese de vină.

– Cât de nesimțitori sunt băieții! a strigat ea.

– Cred că e mai cu seamă vina noastră, a protestat Pollyanna și a pornit să-și lămurească gândurile, după cum făcuse cu o seară înainte, dar, de această dată, fără să primească prea mult sprijin.

– Vai, draga mea! s-a împotrivit doamna Warner. Nu știi că pisicile și câinii aduc tot felul de microbi în casă? Ne luptăm din greu să-i ținem pe copii sănătoși chiar și fără ei.

– Păi, nu știu cum i-am putea feri de microbi, dacă nu îi dezinfectăm și nu îi închidem undeva ermetic, a declarat Pollyanna. Cât timp aerul e plin de ei, de ce ne-am teme că pe un pisoi se mai află câțiva?

– Dar ne dau atâtea bătăi de cap! a obiectat o tânără doamnă respectabilă pe nume Wilkins.

Doamna Wilkins avea un singur copil, o fetiță aproape îngrijorător de cuviincioasă, care nu părea să se apropie de jucării decât ca să le ia în mână și să le așeze la locul lor. Cum doamna Wilkins nu pierdea nici un prilej să se laude cu hărnicia fetei în casă, Pollyanna s-a întrebat de ce protesta cu atâta hotărâre împotriva oricărui lucru care avea de-a face cu munca.

– Partea cea mai rea, a vorbit tărăgănat doamna Hunt, e că animalele astea mor prea repede și le frâng inima copiilor. Din câte știu eu, le aduc mai mult necaz decât bucurie.

Pollyanna nu s-a mirat să afle că animalele familiei Hunt aveau viață scurtă. În casa lor, ora mesei nu rămânea niciodată aceeași sau ajungea să fie uitată cu desăvârșire, mulțumită mai cu seamă faptului că unul sau altul dintre tinerii Hunt ronțăia mereu câte ceva. Ceasul odihnei întârzia și el până cine știe când și nu o dată Pollyanna se trezise din primul somn adânc al nopții la auzul vocilor pătrunzătoare ale copiilor Hunt, care încă nu plecaseră la culcare. Era lesne de înțeles că, venind vorba de ființe care nu-și puteau da glas nevoilor, asemenea deprinderi fără nici o noimă duceau la moarte timpurie. Și astfel, cu toate că lipsa de popularitate a propunerii ei o uimise, Pollyanna nu și-a abandonat hotărârea.

Jimmy, la rândul lui, nu găsea planului vreun neajuns. Copiii nu aveau doar să se bucure peste măsură, ci și, după cum spusese Pollyanna, să învețe că animalele aveau și ele nevoie de blândețe. Și astfel, într-o după-amiază, ajungând în preajma unui magazin de animale cu niște cățeluși hârjonindu-se într-o vitrină, în timp ce, în cealaltă, o cușcă de maimuțe atrăgea gloata obișnuită de gură-cască, Jimmy și-a spus că acela era locul pe care îl căutase fără măcar să-și dea seama. Cum terminase munca din acea zi, a intrat.

Magazinul s-a dovedit năucitor de zgomotos. Maimuțele sporovăiau fără contenire, întărindu-și spusele cu câte un țipăt ascuțit; câțiva câini din spate lătrau supărați; iar un papagal cenușiu cu ochi răutăcioși își aducea obolul zarvei din jur. Jimmy s-a oprit lângă colivie.

– Ce papagal frumos! a spus el cu băgare de seamă.

– Ptiu, drace! a strigat papagalul și a început să râdă pe înfundate, hârâind ca un bătrân gârbovit de ani.

Apoi a trecut, pe neașteptate, la plânsetul unui nou-născut.

Proprietarul a venit mai aproape, văzându-i interesul, dar Jimmy a clătinat din cap.

– Am trei copii, a explicat el, și casa e deja plină de tărăboi.

Proprietarul i-a priceput impasul. I-a dat de înțeles că micuții s-ar bucura să primească o maimuță; dar, cu toate că Jimmy nu se îndoia câtuși de puțin de asta, știa că până și îngăduința Pollyannei avea granițe. Peștii erau prea neghiobi. Îl ispiteau unii dintre iepuri, dar vremea rece nu era departe și a hotărât că un animal de casă le va aduce mai multă plăcere copiilor. O veveriță cenușie aproape că i-a primit votul, dar, în timp ce îi negocia prețul, și-a sprijinit întâmplător mâna de cușcă, iar veverița l-a mușcat fără să stea pe gânduri. Jimmy și-a înfășurat degetul sângerând în batistă și a mers mai departe. Într-una din ferestrele din spate, într-o colivie îngustă de lemn, un canar mic și galben cânta din răsputeri și, de la prima privire, Jimmy a știut că găsise ce căuta.

– Ești pasărea potrivită pentru Pollyanna, i-a spus el canarului. Dacă s-ar îmbrăca în pene și cineva ar închide-o într-o colivie, așa s-ar purta și ea.

Apoi a întrebat de preț, iar proprietarul, văzând că se hotărâse, a adăugat un dolar prețului pe care l-ar fi cerut dacă Jimmy ar fi părut nesigur.

Jimmy a cerut să-i fie mutat canarul din colivia de lemn într-una care strălucea ca aurul și avea stinghii numeroase, apoi a plecat cu pachetul în brațe, închipuindu-și deja entuziasmul copiilor la vederea lui.

Dar așteptările i-au fost dezmințite, ca să nu spunem mai mult, căci altceva le stârnise copiilor bucuria și nu el, după cum crezuse pe drept. Judy i-a descoperit cea dintâi sosirea și s-a grăbit să-i deschidă ușa înainte să vâre cheia în broască.

– Tăticule, a chiuit ea, făcând piruete în jurul lui ca o balerină. Ia ghici ce am primit. Ghici!

Cel Mic a ieșit în goană din bucătărie.

– Da, am primit ceva, tăticule. Nu-i un bebeluș nou, a adăugat el, de parcă ar fi vrut să-și ferească tatăl de o posibilă dezamăgire. Ghici ce-i!

Pollyanna a sosit la fața locului, împiedicându-l să le răspundă rugăminții.

– Ce devreme te-ai întors, dragă! a exclamat ea, apoi, când privirea i-a căzut asupra pachetului urât: Vai, Jimmy, ce-i asta?

– Mă bucur că s-a gândit cineva să mă întrebe, a spus Jimmy pe un ton ofensat. Copiii nici măcar n-au băgat de seamă. Ce se întâmplă cu ei?

– Nu vezi cât sunt de fericiți?

– Nu, nu văd. De ce sunt atât de fericiți?

– Nu-i spune, mamă, a strigat Cel Mic. Tăticul trebuie să ghicească ce am primit.

– Un boa-constrictor.

Hohotele de râs care i-au răspuns vorbelor lipsite de haz au fost de ajuns să întărească încrederea lui Jimmy în propriul umor. Cu toate că nu mai auzise vreodată de boa-constrictori, Judy a râs cu tot atâta poftă ca și ceilalți.

– Ce caraghios e tăticul, a declarat ea cu un aer de superioritate, să dea asemenea nume neobișnuit unei pisicuțe drăguțe.

– Ei, haide! Acum i-ai spus, a bolborosit Cel Mic cu dezgust.

– Ba nu! Așa-i, mămico?

– Sst! N-are nici o importanță. Ce credeți că ne-a adus tăticul în pachetul acela ciudat?

Copiii au început care mai de care să ghicească. Uitând cu totul de propria surpriză, s-au aventurat în tot soiul de presupuneri, până când un ciripit plăcut răsunând dindărătul învelișului cafeniu l-a îndemnat pe Cel Mic să spună că în pachet se afla un pui de găină. Și, găsind că răspunsul se apropia îndeajuns de realitate, Jimmy a rupt hârtia și a scos la lumină canarul, care ședea pe stinghia cea mai de sus, cu capul lăsat pe o parte.

– L-am cumpărat pentru că mi-a amintit de tine, dragă, a explicat Jimmy când copiii s-au domolit îndeajuns cât să se poată face auzit. Juca din răsputeri Jocul Bucuriei, micuțul. Măi să fie! Ce-i asta? a strigat el la vederea unui pisoi rotofei cu pete albe și negre.

Urmând instinctul fără greș al felinelor care se văd în centrul atenției, pisoiul s-a oprit în mijlocul covorului și s-a uitat la ei cu seninătate. Jimmy și Pollyanna au schimbat o privire plină de înțeles.

– Gând la gând cu bucurie, a citat Pollyanna. Spălătoreasa mi-a făcut rost de el de la o prietenă. E isteț pentru un pui de numai șase săptămâni.

Pisoiul, de parcă ar fi vrut să-și dovedească agerimea, a început să se spele, frecându-și urechea atât de temeinic, încât Pollyanna i-a atras de îndată luarea-aminte Celui Mic.

În timp ce priveau cu admirație animalul, s-a auzit clopoțelul de la ușă. Un curier le-a înmânat o ladă cu șipci prinse în cuie pe capac și i-a arătat lui Jimmy unde să semneze.

– Dar ce-i asta? a strigat Pollyanna, măsurând lada bănuitoare din ochi.

– Nu știu, dar orice ar fi, e pentru dumneavoastră – doamna James Pendleton, strada Elsinore.

– E ceva viu, a strigat Cel Mic, trăgând cu ochiul printre șipci.

– Grozav! Ceva viu, a scandat Judy, apucându-se iarăși de piruete.

Pisoiul nu le împărtășea entuziasmul. Și-a arcuit dintr-odată spinarea și, fără veste, coada i s-a înfoiat ca un evantai, spre disperarea lui Judy.

– Mămico, dacă sare în aer ca balonul meu?

Între timp, Jimmy se descotorosise de curier și a smuls una dintre șipci fără să stea pe gânduri. A aruncat o singură privire înăuntru și s-a întors plin de disperare către Pollyanna.

– E un cățeluș, pe legea mea!

– Jimmy! a icnit Pollyanna.

– Și o scrisoare pentru tine. Nu recunosc caligrafia.

Jimmy i-a aruncat soției biletul, iar ea l-a sfâșiat cu nerăbdare și s-a uitat mai întâi la semnătură.

– Franklin Lindsay, a citit ea. Păi – e domnul Lindsay pe care l-ai invitat deunăzi la cină.

– Frank Lindsay! Pentru numele lui Dumnezeu!

Pollyanna a început să citească scrisoarea cu glas tare, în timp ce copiii se îmbulzeau să vadă nou-venitul mai îndeaproape, iar pisoiul scuipa fără încetare, ducând mai departe dușmănia întregului neam pisicesc pentru câinii de pretutindeni.

„Draga mea doamnă Pendleton,

Convingerile cărora le-ați dat glas acum două seri mi-au trezit un interes profund și doresc să vă sprijin planurile cât îmi stă în puteri, așadar mi-am luat libertatea de a vă trimite un pui de buldog francez. Încă nu e prea arătos, dar cu timpul va deveni un câine pe cinste. Îi veți primi genealogia în curând prin poștă. Nu am nici o îndoială că micuții se vor bucura de prietenia lui, când mai crește.

Cu cele mai calde salutări,

Al dumneavoastră, sincer,

Franklin Lindsay."

Jimmy a cules cățelul de pe jos și l-a examinat din toate părțile. Avea blana neagră și lucioasă, un chip care-ți stârnea râsul, urechi mari, ochi imenși, un nas prea mic ca să poată fi pomenit și o gură care se arcuia într-un zâmbet veșnic peste falca de jos ieșită în afară. Veselia a triumfat asupra groazei ascunse a Pollyannei, făcând-o să izbucnească în hohote de râs.

– Arată întocmai ca domnul Jiggs.

– Că bine zici! a lăudat-o Jimmy. Jiggs să-i rămână numele.

Cățelul descoperise pisoiul și își făcuse cunoscute simțămintele printr-un sunet nostim și pițigăiat, vrând, fără doar și poate, să latre, iar pisoiul i-a plătit cu încă o scuipătură. Pollyanna și-a plecat capul pe genunchi, în culmea râsului.

– Ce familie fericită! a gemut ea, ștergându-se la ochi. Pisica o să mănânce canarul dacă nu stăm cu ochii în patru, iar câinele o să muște pisica, iar eu voi pedepsi câinele – parcă ar fi casa pe care a construit-o Jack[1].

Era limpede că Judy nutrea oarecare neîncredere față de noul membru al familiei. S-a apropiat de mama ei, apucând-o de mânecă.

– Cred că n-o să stau pe lângă el, a șoptit ea, ca să nu-i dau răceală.

– Mamă, a cugetat Cel Mic cu privirea gânditoare ațintită asupra cățelușului cu blană lucioasă, mamă, de câte animale e nevoie ca să facem o menajerie?

---

[1] *Casa pe care a construit-o Jack*, poezie pentru copii din literatura populară engleză din secolul al XVIII-lea *(n. trad.)*.

CAPITOLUL IV

Cum să-ți educi familia

Dintre cele trei adăugiri la familia Pendleton, numai Jiggs le-a pricinuit supărări. Canarul, pe care copiii, fără să le pese dacă ținea sau nu de genul femeiesc, îl botezaseră Bucle de Aur[1], după o eroină mult iubită, s-a arătat de la bun început întruchiparea tuturor virtuților casnice. Dimineața se bălăcea cu entuziasm, își mânca micul dejun cu poftă și, în restul zilei, își cânta fericirea cu asemenea triluri melodioase și unduitoare, încât Pollyanna se vedea nevoită să-și folosească întreaga stăpânire de sine ca să nu se oprească din treburi și să-l asculte cu toată luarea-aminte. Când în casă se cerea liniște, iar cineva îi acoperea colivia cu un prosop, Bucle de Aur înțelegea aluzia și, urcându-se pe stinghie, își vâra căpșorul sub aripă și prindea noi puteri după un somn bun. Nu le împovăra cu nimic munca, în afara celor câteva minute destinate îngrijirii lui dimineața și, uneori, a nevoii de a mătura

[1] *Bucle de Aur și cei trei urși,* basm popular englezesc *(n. trad.).*

covorul, în urma atacurilor lui mult prea îndârjite asupra farfuriei cu semințe.

Pisoiul s-a dovedit și el lipsit de cusur. Cel Mic îl botezase Sindbad, după alt personaj îndrăgit, dar toți îl strigau Sin, ceea ce i se părea Pollyannei nedrept, ținând seama de virtuțile lui rare[1]. Deși intrase în familie la vârsta fragedă de șase săptămâni, se supunea instinctiv unor reguli pe care multe animale le învață doar după un timp îndelungat de instrucție sau poate niciodată.

– Merge la ușă și miaună, cuviincios ca un om, i-a spus Nancy Pollyannei. Și când e gata să se întoarcă, urcă scările și miaună până îi deschid ușa. Păi, când crește mare, m-aș mira să nu aibă mai multă judecată decât unele familii dimprejur, chiar așa, chiar așa.

Dar Jiggs era o cu totul altă poveste. Părea să nu fi moștenit de la strămoși nici cea mai slabă urmă de înclinare către normele lumii civilizate. Când se vedea pedepsit pentru fărădelegi prea rușinoase ca să fie puse în scris, schelălăia ascuțit și apoi, sub pretextul că stăpâna lui se jucase doar, ducând gluma puțin prea departe, o prindea de mână și se prefăcea că o mușcă, dând nebunește din coadă. Nu se mai sătura să-și încerce dinții în orice lucrușor îndeajuns de trainic cât să merite osteneala. Cărțile îl fermecau și, ca un adevărat bibliofil, le iubea de dragul lor, nu pentru ce scria în ele. Încălțămintea îi oferea

[1] *Sin* = păcat (eng.) *(n. trad.)*.

o tentație greu de refuzat, iar Pollyanna, mereu în căutarea unui dar de Crăciun pentru Jimmy, a găsit pe neașteptate răspuns dând, într-o zi, peste papucii de anul trecut, roși până la talpă. Galoșii lăsați pe coridor erau târâți și ascunși în dosul pernelor de la divan sau sub patul din camera de oaspeți. Hainele copiilor, care atârnau îngrijit pe spătarele scaunelor în timpul nopții, se făceau nevăzute cu multă pricepere înainte să le vină vremea de a fi îmbrăcate. Până și prins în toiul unor asemenea fapte infame, Jiggs nu arăta nici urmă de rușine; ba chiar, mai mult decât o dată, Pollyanna s-a văzut nevoită să îl hăituiască pe scări, cu ciorapul Celui Mic sau cu salopeta lui Judy fâlfâindu-i pe spinare ca un drapel.

– De ce, pentru numele lui Dumnezeu, îngădui una ca asta? a cerut să știe corul mamelor din vecini când, cu tot atât de mult haz cât și indignare, Pollyanna le-a istorisit ultima jignire pe care Jiggs o adusese bunei-cuviințe.

– Se va sfârși în curând, le-a reamintit Pollyanna. Cățelușii trec repede de vârsta ștrengăriilor. Firește că Jiggs ne face numai greutăți și ne-a costat o avere să înlocuim toate lucrurile pe care le-a ros, dar, în același timp, îl iubim atât de mult, încât nici eu, nici Cel Mic nu ne-am afla consolare dacă ar păți ceva rău.

– N-aș putea lua asupra mea povara unui câine, a declarat doamna Wilkins. Nu-mi văd capul de treburi chiar și așa, iar soțul meu spune deseori că nu știe cum izbutesc să duc totul la bun sfârșit.

Pollyanna s-a întrebat dacă domnul Wilkins era unul dintre acei bărbați care iau drept bun tot ce aud din gura nevestelor, sau dacă spusele lui doar prevesteau o carieră strălucită în diplomație.

O tânără doamnă severă pe nume Griggs a intrat apoi în vorbă, afirmând cu hotărâre:

– Nimic nu m-ar putea convinge să țin un câine în casă. Mama a auzit povestindu-se despre un câine care i-a mușcat stăpânului, un băiețel, întreg nasul. L-a nenorocit pe viață.

Pe chip i se citea satisfacția unui argument de necontestat, iar Pollyanna s-a simțit îndemnată să protesteze.

– Am cunoscut un bărbat care obișnuia să-și bată nevasta în fiecare sâmbătă seară, dar nu m-a împiedicat să mă căsătoresc, la rândul meu.

Doamna Griggs a privit-o cu indiferență.

– De ce te-ar fi împiedicat? a întrebat ea.

Era atât de limpede că nu-i pricepuse vorbele și că nimic pe lume nu avea să o lămurească, încât Pollyanna a nesocotit imboldul de a-i mai da vreun răspuns. Iar în acea seară, doamna Griggs i-a spus soțului ei că, deși doamna Pendleton părea o femeie cumsecade, obișnuia să facă tot felul de comentarii ciudate, care, de fapt, nu aveau nici un înțeles.

Părerea Pollyannei, menită numai pentru auzul lui Jimmy, nu era cu mult mai măgulitoare.

– Doamna Griggs e o femeie lipsită de orice urmă de haz. Mă tem că îmi plac ființele mai poznașe.

– Ca Jiggs, a adăugat Jimmy pe bună dreptate, căci Jiggs fusese neobișnuit de poznaș întreaga zi.

Unul dintre prosoapele pentru vase ale lui Nancy dispăruse fără urmă, iar Nancy nu avea nici o îndoială în privința făptașului. Pe coperta unei cărți împrumutate apăruse un model în relief, iar acum se vedeau nevoiți să o înlocuiască înainte de a o înapoia. Apoi, când Jiggs, căznindu-se să îngroape un biscuit în perna de la canapea, ajunsese cu ghearele până la umplutura de fulgi, au izbutit în cele din urmă să scape de viscolul din holul de la intrare după un ceas de muncă grea. Ostenit după o hârjoneală pe cinste, se încolăcise acum lângă Cel Mic, cu ochi visători și plini de adorație, iar atât băiatul, cât și câinele păreau să radieze mulțumire.

Pollyanna privea tabloul cu satisfacție. Fără îndoială, Cel Mic își însușea lecția pe care ea dorise să o învețe. Câinele, un amestec atât de încântător de vioiciune și de iubire, ocupa deja un loc ridicol de mare în inima lui. Pollyanna tresărise de uimire când Cel Mic îl pomenise pentru prima oară pe Jiggs la rugăciunea de seară, îndată după bebeluș și înainte de mătușa Polly și de Nancy. Dar s-a întrebat dacă nu cumva copilul avea dreptate, și vorbele de împotrivire i s-au stins pe buze. Cui ar fi putut să se roage pentru un cățel zburdalnic și cu blana moale care, oricâte năstrușnicii ar fi făcut, era iubirea întruchipată, dacă nu Lui, Celui ce poartă de grijă întregii lumi?

Pollyanna credea că și ea, asemenea copiilor, învățase ceva de la Jiggs.

– Cred că toți cei care cresc un copil ar trebui să crească, pe lângă el, un cățeluș, i-a spus ea lui Jimmy, iar apoi, în loc să facă atâta tărăboi pentru năzbâtiile copiilor, să înțeleagă că, asemenea trecerii anotimpurilor, așa e orânduită lumea.

Jimmy părea să îi dea pe deplin dreptate. Și poate că toți cei pe care un asemenea subiect îi interesa numai în teorie încuviințau, la rândul lor. Dar răbdarea lui Jimmy avea să fie pusă în curând la încercare, mai mult decât și-ar fi închipuit vreodată.

În dimineața următoare, de îndată ce a bătut ora șapte, Pollyanna și-a deșteptat soțul. Ea era în picioare de o jumătate de oră și se îmbrăcase.

– Jimmy! Jimmy, trezește-te! Nu, nu te întoarce pe partea cealaltă, căci ai să adormi la loc. Și e vremea să te scoli.

– Hm! Bine, bine! a răspuns Jimmy toropit, iar Pollyanna l-a scuturat din nou, să se încredințeze că nu vorbea prin somn și s-a grăbit să liniștească bebelușul care plângea din răsputeri. După un minut sau două, Jimmy a izgonit orice urmă de moleșeală în cada plină cu apă rece cu care își începea îndeobște ziua.

Când a traversat coridorul, cu pielea furnicând după ce se ștersese zdravăn cu prosopul, a descoperit că, în lipsa lui, cineva încuiase ușa de la dormitor. Întreaga familie Pendleton obișnuia de acum să pună năzbâtiile pe seama lui Jiggs, iar rolul de țap ispășitor i se potrivea de minune, căci primea toate învinuirile cu inima ușoară. Dar nu Jiggs întorsese cheia în broască, firește. Și, dacă Jiggs nu era făptașul, se înțelegea de la sine că vina cădea în seama Celui Mic.

– James cel Mic! a strigat Jimmy cu năduful pe care i-l iertăm unui om bătând la ușa propriei camere, îmbrăcat doar în halat și papuci și grăbit să prindă trenul care pleacă în puțin mai mult de o oră. James cel Mic, deschide ușa mai repede!

I-a răspuns un chicotit înfundat, arătând că Cel Mic se distra pe cinste, dar înțelesese totodată că adulții nu știau să se bucure de o glumă bună. Cheia a zăngănit în broască, iar Jimmy a apăsat pe clanță, fără nici o izbândă.

– James cel Mic, a strigat el, cu nerăbdare crescândă și cu fiori de frig trecându-i pe șira spinării, încetează cu prostiile și descuie ușa acum, pe loc! Mă grăbesc.

Cheia a zdrăngănit din nou, iar Jimmy a apăsat pe clanță cu toată puterea. Auzindu-i vocea ridicată, Pollyanna a lăsat bebelușul în grija lui Judy și i-a alergat în ajutor.

– Cheia aceea nu merge așa cum ar trebui, a spus ea. Cum de i-a trecut prin minte să o întoarcă în broască? Așteaptă, Jimmy, nu-l speria, altfel n-are să mai descuie niciodată ușa.

Cu o veselie amăgitoare în glas, Pollyanna a strigat îndrumări prin gaura cheii. Părea că Cel Mic se străduia să le urmeze întocmai, dar, cum nu izbutea, îl cuprindea teama.

– Când pun mâna pe ștrengarul ăsta mic, a bombănit Jimmy, am să-i dau o lecție pe care n-o să o uite prea curând.

Pollyanna înțelegea pe deplin că Jimmy, ca orice bărbat care așteaptă, în halat și papuci, să își termine toaleta de dimineață, nu avea poftă de ciondăneală, dar nu s-a putut împiedica să îl dojenească.

– La urma urmei, nu a vrut să te supere. A încuiat ușa în glumă. Nu știa că va fi atât de greu să o descuie.

– E vremea să învețe că faptele lui pot avea consecințe, a declarat Jimmy mânios.

Avea nervii întinși. Timpul trecea în zbor. Ora plecării se apropia la fel de nemilos ca destinul, iar toate hainele se găseau de cealaltă parte a unei uși încuiate. În acea clipă, Jimmy n-ar fi șovăit să îl ia pe Cel Mic pe genunchi și să îi tragă o chelfăneală.

Și atunci Cel Mic s-a pierdut cu firea. A început să plângă, iar lacrimile i-au răpit tot curajul. A suspinat din greu, gândindu-se că era cu putință să-și petreacă întreaga viață în spatele ușii care îl despărțea de familie. Apoi Pollyannei i-a venit o idee strălucită.

– Îi cerem să scoată cheia din broască și să o arunce pe fereastră. Apoi descuiem din partea aceasta. Cum de nu ne-am gândit mai înainte?

Dar fie Cel Mic se lăsase cuprins de panică, fie îndoise cheia, încercând cu disperare să o întoarcă. Era cu neputință să o scoată din broască, întocmai cum era cu neputință să descuie. În zadar încerca mama lui să îl aline, în zadar îi dădea îndrumări limpezi. Plângea tot mai zgomotos, până când Pollyanna nu s-a mai făcut auzită în mijlocul zarvei.

– Și-a pierdut capul cu totul, i-a spus ea lui Jimmy. Nu ne mai putem bizui pe el pentru nimic. Cum ai să mai intri acum în cameră?

– Dacă aș avea haine pe mine m-aș urca în arțar și aș intra prin fereastra de la răsărit. Dar nu pot să mă cațăr în copaci la ora asta purtând doar un halat de baie.

Spusele lui nu lăsau loc de sfadă. Pollyanna și-a încrețit fruntea, încercând să găsească o dezlegare.

– Nu cred că paltonul ți-ar fi de mai mult folos.

– Câtuși de puțin, a spus Jimmy sumbru.

– Atunci dau o fugă până la familia Hunt și întreb dacă putem împrumuta o pereche de pantaloni de la domnul Hunt. Am să le cer niște pantaloni vechi.

– Va trebui să le ceri și o pereche de bretele, a spus Jimmy. Hunt e cam de două ori mai gros decât mine. Pantalonii lui n-ar sta pe mine nici măcar o clipă.

Vorbea cu o asemenea dezaprobare, încât Pollyanna a șovăit.

– Crezi că ar fi mai bine să nu merg?

– Nu pot spune că îmi place ideea. Dacă am fi locuit aici de ani buni, lucrurile ar fi stat altfel. Dar n-am întâlnit neobrăzare mai mare decât niște străini umblând prin cartier în căutarea unor pantaloni de împrumutat.

– James cel Mic, a strigat Pollyanna prin gaura cheii, te rog să nu mai plângi, dragul meu. Tăticul o să deschidă ușa curând.

Vaietele Celui Mic nu dădeau semn să contenească ca urmare a promisiunii ei îndrăznețe, iar Pollyanna s-a întors scoasă din minți către soțul ei.

– Nu pot să gândesc când îl aud plângând așa.

– Păi, unul dintre noi va fi nevoit să gândească, a declarat Jimmy cu supărare în glas. Trebuie să ajung la muncă până la urmă.

– Atunci mă duc să împrumut pantalonii domnului Hunt. I-am împrumutat și eu doamnei Hunt tot felul de lucruri.

Pollyanna a început să coboare scările, dar, pe a treia treaptă, s-a oprit și s-a întors.

– Jimmy, nu mi-a trecut prin minte până acum, dar am pus costumul tău de seară într-un cufăr, în magazie. Vrei pantalonii aceia, mai degrabă?

Jimmy a suspinat zgomotos.

– Nu m-aș urca în copac purtându-i. Poate că nici în zece ani nu-mi va da mâna să cumpăr un costum nou. Dar m-aș îmbrăca mai curând cu pantalonii mei, chit că ajung praf și pulbere, decât cu pantalonii unui vecin pe care abia îl cunosc din vedere.

Pollyanna a alergat în magazie și, cinci minute mai târziu, Jimmy s-a văzut echipat pentru cățărare. Purta o pereche de pantaloni de seară, papucii de baie și un palton de primăvară încheiat până la bărbie ca să ascundă lipsa cămășii. Rugându-se ca vecinii să fie prea absorbiți de pregătirile pentru micul dejun ca să bage de seamă, Jimmy s-a îndreptat către arțarul de pe latura casei. Crengile cele mai de jos se înălțau cam la cinci metri deasupra pământului, iar Jimmy, străduindu-se să nu se gândească la pantaloni, a pus în faptă o veche deprindere din copilărie și s-a cățărat pe trunchi. A izbutit în cele din urmă să ajungă la crengi și să se ridice într-o crăcană. Apoi s-a târât fără prea multă bătaie de cap pe ramura dinspre fereastra de răsărit a dormitorului, s-a prins de pervaz și s-a strecurat înăuntru.

A străbătut încăperea dintr-un salt. Cheia era îndoită în asemenea măsură, încât nu a izbutit decât după câteva minute bune să o întoarcă în broască, și nu era de mirare că îl încurcase într-atât pe Cel Mic. După ce a descuiat ușa, Jimmy s-a întors către împricinat.

Hohotele Celui Mic încetaseră de îndată ce tatăl lui se ivise la fereastră. Acum stătea lângă pat, cu chipul pătat de lacrimi și străbătut de sentimente potrivnice. Deși nu se mai vedea nevoit să-și petreacă restul zilelor la închisoare, ușurarea se contopea cu teama pentru ce avea să urmeze. Avea ochii umflați de plâns și arunca spre tatăl lui priviri temătoare.

Jimmy, privind omulețul din fața lui de parcă atunci l-ar fi văzut pentru prima oară, a înțeles pe de-a-ntregul cât de mic era, iar cuvintele Pollyannei, care la început îi sporiseră supărarea, au căpătat acum noimă. Nu rămânea îndoială că până și cea mai neînsemnată nesupunere, până și cea mai neînsemnată dovadă de cruzime sau de răutate cuprindea mai multă vinovăție decât fapta care îl tulburase și îl stânjenise într-atât. Cu toate acestea, știind că legea ține deseori seama de urmări și nu de motive, Cel Mic tremura, așteptându-și pedeapsa.

Băiețelului i s-a tăiat răsuflarea când o mână i s-a lăsat pe umăr. Apoi, pe neașteptate, tatăl lui l-a ridicat în brațe și privirile li s-au întâlnit, ca de la bărbat la bărbat.

– Ascultă, fiule, a spus Jimmy. E mult mai ușor să dai de bucluc decât să scapi din el. Când îți trece prin cap să faci un lucru, gândește-te mai întâi dacă poți să îl și desfaci.

Jimmy nu putea ști cât de adânc se întipărise lecția în mintea Celui Mic. Dar ușurarea care îl copleșise văzând că nu avea să primească nimic mai mult decât o dojană era mai presus de orice îndoială. Brațele Celui Mic i-au înconjurat grumazul într-o îmbrățișare strânsă, iar inima lui bătea ritmuri de recunoștință. Amintindu-și că își jurase să îi dea o lecție de îndată ce avea să pună mâna pe el, Jimmy a simțit înțepătura unui regret sănătos care îi e de folos oricărui părinte când și când.

Nu rămăsese timp pentru altceva. Jimmy l-a lăsat jos pe Cel Mic și s-a îmbrăcat mai repede ca oricând. Și, cu toate că și-a băut cafeaua în picioare și a alergat preț de două străzi ca să prindă trenul, nu se simțea pe de-a-ntregul nemulțumit de începutul acelei zile. Era mare lucru să vadă că propria educație progresa alături de a Celui Mic și a lui Jiggs.

CAPITOLUL V

Pollyanna se odihnește

În acea toamnă, domnul și doamna John Pendleton au rămas neobișnuit de mult timp în reședința lor de vară din Vermont, dar, de îndată ce s-au întors în oraș, au venit să petreacă sfârșitul săptămânii cu Jimmy și Pollyanna. Se bucurau nespus să-i aibă pe tineri aproape și, astfel, erau foarte ușor de mulțumit. Le plăcea casa și lăudau cartierul. Nu le venea să creadă cât de mult crescuseră copiii în lipsa lor. Până și Jiggs le trezea o admirație profundă.

Singurul lucru din întreaga gospodărie față de care unchiul John și mătușa Ruth păreau să dea semne de nemulțumire era Pollyanna însăși. Susțineau amândoi că Pollyanna arăta istovită, palidă și slabă și că avea nevoie de odihnă netulburată. Pollyanna le-a explicat că mutarea îi pusese la grea încercare, însă acum, când totul se terminase cu bine, se odihnea pe zi ce trece; protestele ei erau primite cu vădită neîncredere.

– Înțeleg, Pollyanna, a spus mătușa Ruth. Nu ți-ai pierdut vechile obiceiuri, dar până și Jocul Bucuriei poate întrece uneori măsura.

– Mătușă Ruth, a strigat Pollyanna din tot sufletul, în ultima vreme nici nu mi-a mai trecut prin minte să mă joc. Totul e minunat și nimic nu-mi mai poate aduce întristare.

Mătușa Ruth se uita la ea cu dragoste, dar, în același timp, cu acel aer inconfundabil de superioritate cu care mulți îi întâmpină pe cei care se declară mulțumiți de viață și de întreaga lume.

– Ceea ce spui tu nu are nici o însemnătate, Pollyanna, căci văd cu ochii mei cât ești de ostenită. Ai nevoie de odihnă și trebuie să te odihnești de îndată.

Dacă mătușa Ruth și-ar fi păstrat părerea numai pentru urechile Pollyannei, lucrurile s-ar fi mărginit la un schimb de vorbe. Dar, spre disperarea Pollyannei, și-a îndreptat armele către Jimmy. Ori de câte ori rămâneau între patru ochi îi repeta, cu o voce șoptită care nu prevestea nimic bun, că își făcea griji pentru Pollyanna. Oare nu era în stare să vadă că sărmanul copil era stors de puteri? Nu trebuia să se lase înșelat de obiceiul ei de a lua lucrurile așa cum sunt. Iar Jimmy s-a lăsat pe dată molipsit de temerile mătușii lui și s-a arătat gata să pună piciorul în prag.

Spre marea uimire a Pollyannei, au plănuit totul fără să-i ceară măcar un sfat. Mătușa Ruth a lăsat de înțeles că fata în casă, pe care o avusese în slujbă pe timpul iernii greu de uitat petrecute de Pollyanna în Boston și pe care nu pregeta să o mai cheme la nevoie, s-ar bucura să îi dea o mână de ajutor lui Nancy timp de o săptămână, în lipsa ei. Și i-ar fi supărat nespus să afle că Pollyanna, căreia îi purtau atâta dragoste, s-a întristat văzând cât de ușor se puteau lipsi de ea. Pentru prima oară de luni de zile, s-a văzut nevoită să joace din toate puterile Jocul Bucuriei.

– Ar trebui să mă bucur că Jimmy pune binele meu înaintea propriilor dorințe. Firește că îi va fi tare dor de mine, chiar dacă Mary e un model de perfecțiune. Și ce frumos din partea mătușii Ruth să mă cheme în vizită... Mă întreb dacă există prieteni mai devotați pe lumea aceasta.

Și, atingând punctul culminant, Pollyanna și-a șters o lacrimă, ceea ce arăta, poate, că părerea mătușii Ruth nu era cu totul greșită.

Familia Pendleton s-a întors luni în Boston și, duminica următoare, modelul de perfecțiune le-a apărut la ușă, ca micuții să se poată obișnui cu ea înainte de plecarea mamei lor. Spre ușurarea Pollyannei, toți au primit-o fără zarvă, ceea ce prevestea numai lucruri bune pentru săptămâna care avea să vină. Jiggs, din nefericire, părea să aibă un dinte împotriva lui Mary și o lătra ori de câte ori se apropia de el. Și, cu toate că îl dojenea, Pollyanna se bucura în sinea ei că măcar un membru al familiei nu se mulțumea cu Mary drept înlocuitor.

Luni dimineața, Pollyanna a mers cu Jimmy în oraș. Cel Mic și Judy stăteau cu nasurile turtite îndărătul ferestrei și o priveau plecând, iar

Nancy ridicase bebelușul în brațe și îi legăna palma durdulie în semn de rămas-bun. Pollyanna a fluturat din mână către ei, toată numai zâmbet, apoi și-a îndreptat cu hotărâre privirea înainte și a mers tăcută alături de soțul ei.

– Doar nu plângi? a mustrat-o Jimmy. Fetiță dragă, fii înțeleaptă.

– Da, știu, Jimmy, a spus Pollyanna cu vocea tremurândă și lacrimile șiroindu-i pe obraji, în timp ce buzele i se arcuiau într-un zâmbet larg. Firește că-i o neghiobie, dar mă bucur că sufăr părăsindu-i chiar și pentru o săptămână. Gândește-te cât de minunat va fi să mă întorc acasă.

Mașina și unchiul John o așteptau în gara din Boston și au dus-o de acolo în goană, după un rămas-bun pe care oamenii cinici l-ar fi socotit îndestulător pentru o despărțire de un an. Dar, după ce și-a suflat de mai multe ori nasul și a dat câteva răspunsuri oarecum lipsite de însemnătate la întrebările unchiului John despre sănătatea copiilor, Pollyanna a început să se bucure de ce vedea în jur. Mașina elegantă, cu o crizantemă mare și galbenă în suportul pentru flori, era o încântare. La vederea orașului care o găzduise vreme de opt luni, o străbăteau fiori de bucurie. Și când, în cele din urmă, mașina s-a oprit în fața casei în care fosta doamnă Carew o primise fără nici o tragere de inimă, Pollyanna a gonit pe scări cu o veselie aproape copilărească.

De această dată, mătușa Ruth a întâmpinat-o cu tandrețe.

– Mă bucur atât de mult că ai venit, copil scump! O săptămână de odihnă îți va fi de mare folos. De fapt, arăți mai bine de pe acum.

Pollyanna a ocolit subiectul neplăcut.

– Ce casă frumoasă ai! A trecut atât de mult timp, încât va trebui să mă obișnuiesc din nou cu ea.

Mătușa Ruth i-a răspuns cu un zâmbet distrat, care dădea de înțeles că gândurile îi erau în altă parte.

– N-ai vrea să mănânci, Pollyanna? Ai pornit devreme de acasă.

– Nu, n-aș putea să mănânc nici o îmbucătură înainte de prânz.

– Atunci ia-o ușurel până la zece și jumătate. Apoi Mark ne va duce la club. În fiecare dimineață de luni avem o conferință despre ce se mai petrece în lume. Ți-ar plăcea să o asculți, nu-i așa, dragă?

– Ah, grozav de mult, mătușă Ruth, a răspuns Pollyanna cu entuziasm neprefăcut.

Știa prea bine că se rupsese de lume, cufundată fiind în cu totul altfel de întâmplări: cel mai nou dinte al bebelușului, o spuzeală pe pieptul lui Judy, ultima fărădelege a lui Jiggs.

– M-aș bucura să ascult conferința, a declarat ea.

– De la club vom merge să prânzim la hotel. Fac parte dintr-o organizație care ajută mamele rămase să își crească singure copiii și, o dată pe lună, ne strângem la prânz şi ascultăm darea de seamă în timp ce mâncăm. Mai câştigăm timp, ştii.

– Da, înţeleg, a încuviinţat din cap Pollyanna, dar nu s-a putut împiedica să-şi spună în sinea ei că o dare de seamă înţesată cu poveşti înfiorătoare despre familii căzute pradă foametei avea darul de a-i strica apetitul oricui.

– O să fie foarte interesant, a adăugat ea repede, de parcă şi-ar fi cerut iertare pentru gândul nespus.

– Durează numai o oră. Avem timp să ne odihnim puţin înainte de serata doamnei Ingraham. Participă un grup de femei încântătoare şi rafinate, iar o poetă din Canada ne va citi din opera ei. Cunoşti de fiecare dată oameni interesanţi la doamna Ingraham.

Pollyanna, care se temea că garderoba pe care şi-o adusese nu se ridica la înălţimea seratei doamnei Ingraham, a răsuflat uşurată. Era greu de crezut că nişte femei interesante, cărora le plăcea poezia, aveau să strâmbe din nas văzându-i hainele.

Ziua a trecut aşa cum plănuise mătuşa Ruth. Pollyanna a ascultat cu plăcere conferinţa, care a tratat îndeosebi politica europeană. Era o uşurare să-şi îndrepte gândurile de la Jiggs către statele balcanice. Prânzul s-a dovedit captivant, deşi, cufundată în darea de seamă, ar fi putut mânca orice fără să-i simtă gustul. Nu au scăpat prea devreme, căci mai multe doamne au dorit să se consulte cu mătușa Ruth în privința lucrărilor ce aveau să urmeze, iar Pollyanna le-a ascultat absorbită conversația.

Au ajuns acasă la ora două și jumătate, iar camerista, ajutându-le să își scoată paltoanele, le-a înștiințat că domnul Pendleton făcuse rost de bilete la teatru. Mătușa Ruth a zâmbit mulțumită.

– Nu am adus vorba despre asta pentru că nu voiam să te dezamăgesc, dragă. Nu am găsit bilete sâmbătă, dar furnizorul nostru era încrezător că le va putea cumpăra de la cineva. Piesa aceasta, „Mareea", e una dintre cele mai lăudate atracții ale sezonului.

– Minunat, mătușă Ruth. Mă simt ca și cum aș fi prinsă într-o vâltoare frenetică.

– Va trebui să plecăm pe la trei și jumătate, a spus mătușa Ruth, uitându-se la ceas. Poeta va citi puțin după ora patru, iar când termină, se va servi ceaiul. Mă tem că nu ai timp să te culci, Pollyanna.

– Firește că nu, a încuviințat Pollyanna. Și, pe deasupra, nici nu am nevoie. Nu sunt obosită nici măcar puțin.

De altfel, abia a găsit timp să-i telefoneze lui Jimmy după ce s-a îmbrăcat pentru serată.

– Voiam numai să-ți spun că te iubesc și că alerg de la o petrecere la alta de parcă aș fi Sin învârtindu-se după coadă.

– Bună treabă, a spus Jimmy cu mulțumire. Ține-o tot așa.

– Sună-mă mâine, dis-de-dimineață, Jimmy. Vreau să știu cum s-a descurcat bebelușul. E prima noapte când...

– Ah, o să fie bine, i-a tăiat Jimmy vorba în grabă. Să te distrezi și să nu-ți faci nici o grijă.

Mătușa Ruth a strigat-o de pe coridor și nu a mai rămas vreme pentru altceva. Pollyanna a mers la doamna Ingraham, unde s-a bucurat de lectura poetei din Canada și a întâlnit atât de multe prietene interesante ale mătușii Ruth, încât numele și fețele lor se amestecau ca un joc de cuvinte încrucișate. A luat cina cu pofta de mâncare știrbită de ceaiul și prăjiturile doamnei Ingraham și, de îndată ce s-a ridicat de la masă, a trebuit să-și tragă pe ea singura rochie de seară pe care și-o adusese și să plece la teatru. Piesa i-a plăcut, deși, spre sfârșit, o copleșise un asemenea somn, încât s-a văzut nevoită să clipească des ca să-și poată ține ochii deschiși. S-au oprit la hotel pentru o gustare cu totul fără rost, apoi, când și-a lăsat capul pe pernă puțin după ora unu, era prea obosită ca să se întrebe dacă bebelușul avea nevoie de ea sau dacă îi ducea dorul.

Pollyanna crezuse, cu nevinovăție, că avusese parte de o zi neobișnuită, dar curând a priceput că mătușa Ruth își petrecea astfel întreg timpul. A doua zi a fost asemenea, cu toate că, de data aceasta, au ascultat o conferință instructivă despre o carte nou apărută. Au prânzit cu una dintre prietenele mătușii Ruth, apoi au luat parte la un recital de cântece din Scandinavia, ținut de o tânără atrăgătoare în costum popular. După-amiaza târziu s-au oprit la clubul de artă, unde tocmai avea loc o recepție în cinstea unei celebrități aflate în trecere și au ajuns acasă tocmai la timp ca să se îmbrace pentru cină, un eveniment mai formal decât de obicei, căci invitaseră câțiva oaspeți. În acea seară, osteneala a împiedicat-o să adoarmă cu ușurință.

Pollyanna a înțeles cu uimire că femeile de felul mătușii Ruth dădeau dovadă de multă tărie. Le interesau toate activitățile culturale, toate inițiativele filantropice. Pe lângă femeile acestea, care trăiau cu un ochi pe ceas și treceau fără nici o milă de la o activitate la alta, viața Pollyannei părea plină de tihnă. Se întreba cât de încăpătoare le era mintea, căci puteau păstra toate veștile pe care le strângeau într-o zi, rânduite și etichetate cum se cuvine. Bănuia că, în ceea ce o privea, domnea deja harababura.

Dar ce era mai rău avea să sosească. A treia zi, la micul dejun, mătușa Ruth a întrebat-o, ca din întâmplare:

– De altfel, Pollyanna, cât de bine te pricepi la bridge?

Pollyanna s-a uitat la ea cu ochii mari.

– Nu te gândești cumva la Jimmy, mătușă Ruth[1]?

---

[1] Joc de cuvinte în engleză: bridge are și înțelesul de pod, referitor la meseria lui Jimmy *(n. trad.)*.

– Bridge, copil drag. Știi să joci?

Pollyanna a râs fără griji.

– N-am întâlnit încă omul care să joace mai prost decât mine.

Dacă își închipuia că era un subiect demn de glumă, așteptările i-au fost înșelate. Atât mătușa Ruth, cât și unchiul John o priveau de parcă ar fi recunoscut că nu știe să scrie și să citească.

– Va trebui să găsim timp ca să te instruim puțin, astăzi, a spus mătușa Ruth. Mâine ești invitată la două petreceri cu jocuri de cărți.

– Două petreceri cu jocuri de cărți! a repetat Pollyanna.

O pereche de urechi agere i-ar fi putut auzi spaima din glas.

– Un prânz însoțit de o partidă de cărți la doamna Cunningham, iar seara se întrunește clubul de bridge. Una dintre doamne e plecată din oraș și poți să-i iei locul.

Văzând că se așteptau ca prilejul să o bucure și să o măgulească, Pollyanna a spus cu glas slab:

– Dar, mătușă Ruth, nu ar fi mai bine să invite pe cineva care știe să joace?

Mătușa Ruth nu părea să-i împărtășească părerea.

– Niciodată nu e prea târziu să înveți, a remarcat ea, pe bună dreptate. Ești îndeajuns de isteață și, dacă te concentrezi la joc, cu ajutorul nostru, ar trebui să te descurci de minune.

Nu le-a fost ușor să găsească vreme ca să se ocupe de educația Pollyannei în acea privință. Era limpede că trebuia să renunțe la ceva și, după lungi discuții, au hotărât să se lipsească de plăcerea unei vizite la o expoziție privată de artă, în acea seară. Pollyanna era încântată, pe ascuns. Nu se putea împotrivi ispitei unei seri de odihnă, acasă. L-a anunțat pe Jimmy, cu puțin înainte ca el să plece la gară, că avea să se bucure de o seară liberă.

Pollyanna avea păreri de modă veche în ceea ce privea jocul de cărți. Îl credea doar o simplă plăcere, menită să facă timpul să treacă mai ușor și fără prea multă bătaie de cap. Seara în care unchiul John și mătușa Ruth au încercat să-i îmbunătățească jocul a lămurit-o pe deplin. Pollyanna a încercat să însuflețească atmosfera cu monologuri vesele între două manșe[1]. Le povestea câteva isprăvi ale copiilor, când mătușa Ruth i-a curmat vorba cu blândețe.

– În locul tău, dragă, aș încerca să rămân cu mintea la joc. Dacă îți pierzi firul gândurilor, vei greși mai mult decât de obicei.

Domolită, Pollyanna și-a privit cărțile cu toată luarea-aminte, începând să înțeleagă că seara avea să se petreacă altfel decât își închipuise. Jucau, pare-se, nu de plăcere, ci cât se putea de îndârjit. Pollyanna și-a jucat prima carte pe deplin pătrunsă de importanța fiecărei mișcări.

[1] Manșă = fiecare dintre etapele successive ale unui joc de cărți *(n. trad.)*.

Dar nici măcar atunci nu a izbutit să îi mulțumească.

– Vai, Pollyanna, a mustrat-o mătușa Ruth cu durere în glas. Nu ai început bine. Știi, unchiul John are dama.

– Chiar așa, mătușă Ruth? Dar nu știam!

– Ai fi știut, dragă, dacă te-ai fi uitat cum au căzut cărțile.

Mătușa Ruth a purces să o lămurească de ce ar fi trebuit să își dea seama că dama de cupă se afla în mâna lui John Pendleton, iar Pollyanna, ascultând-o, înțelegea din ce în ce mai bine cât de mărginită îi era mintea. Cuvintele mătușii Ruth păreau ușor de priceput unul câte unul, dar împreună își pierdeau orice noimă. A mers la culcare fără să se bucure la gândul întrunirilor de a doua zi.

Petrecerea de după-amiază s-a dovedit însemnată. Pollyanna a fost despărțită pe dată de mătușa Ruth și așezată la masă cu trei femei necunoscute, toate tinere ca și ea. Toate trei i-au făcut o impresie plăcută, iar jocul ar fi amuzat-o dacă nu s-ar fi temut să le piardă respectul din pricina nepriceperii ei. Dar, prin acel capriciu al sorții care le dăruiește începătorilor noroc, a primit cărți care nu puteau fi învinse. Pollyanna și partenera ei s-au ridicat de la masă învingătoare, cu un scor impresionant.

Însă norocul a părăsit-o apoi. Cele două femei care le așteptau la următoarea masă se purtau cu o grosolănie care greu și-ar fi găsit perechea în întreaga adunare. Pentru amândouă, jocul de cărți nu era o simplă distracție, nici măcar un interes, ci o pasiune. Jucau la orice oră, în fiecare zi a săptămânii. Mergeau la mare primăvara și la munte vara nu de dragul priveliștilor, ci pentru noi parteneri de joc. Nu aveau timp să citească, iar femeile din munți, în colibele lor singuratice, știau la fel de multe ca ele despre ceea ce se petrecea în lume. Arta, filosofia și religia la un loc nu aveau pentru ele mai multă însemnătate decât un rober[1] câștigat. Deși una dintre ele era dezagreabil de corpolentă, cu un întreg șir de bărbii duble coborându-i spre piept, iar cealaltă slabă până la înfometare, se asemănau într-un fel straniu.

În răstimpul dintre două jocuri, Pollyanna le-a auzit cu uimire judecând premiile oferite de gazdă și dând de înțeles că modestia lor nu-i făcea deloc cinste. Gazda în casa căreia jucaseră cu o zi înainte dăduse un exemplu minunat în acea privință, dar după-amiaza se dovedise nesatisfăcătoare, căci, în fața tuturor, acuzaseră câștigătoarea că trișase. Pollyanna, ascultându-le, s-a înroșit până în vârful urechilor de umilință.

Femeia sfrijită i-a devenit parteneră și avea obiceiul să tragă aer adânc în piept ori de câte ori Pollyanna deschidea jocul, ceea ce ar fi tulburat până și un jucător priceput.

[1] Rober = cele două jocuri din care se compune o partidă de bridge *(n. trad.)*.

La sfârșitul primei manșe, a răbufnit:

– Spune-mi, dacă nu-ți e cu supărare – sunt doar curioasă, știi – de ce ai semnalat treflă, dacă nu puteai câștiga levata[1]?

Pollyanna s-a uitat la ea înspăimântată.

– Am semnalat? N-am făcut-o dinadins.

– Atunci de ce ai jucat șapte înainte de șase?

Pollyanna nici măcar nu își amintea să fi făcut una ca asta, dar, dacă femeia sfrijită avea dreptate, pricina nu era greu de ghicit.

– Poate, a răspuns ea șovăind, nu mi-am închipuit că are să schimbe ceva.

Femeia nu a mai scos nici o vorbă, dar suspinul ei spunea limpede: „Doamne Dumnezeule, dă-mi răbdare", iar Pollyanna s-a înroșit din nou, nu atât pentru jocul stângaci, cât pentru mojicia partenerei sale.

Fără îndoială, sosise vremea Jocului Bucuriei.

– Până la urmă, și-a spus ea, mă pot bucura că nu-s nevoită să fac asta prea des.

Gândul a ajutat-o să treacă de încă o manșă. S-a auzit un clinchet de clopoțel, iar Pollyanna și partenera ei s-au dovedit învinse. Celelalte doamne au plecat, iar femeia sfrijită și-a întâmpinat noua parteneră cu bucurie. Pollyanna a pierdut și acea rundă, însă s-a bucurat să o vadă pe femeia sfrijită mutându-se la următoarea ma-

[1] Levată = totalitatea cărților pe care unul dintre jucători le poate ridica de pe masă pe baza unei cărți mai mari sau a unui atu *(n. trad.)*.

să. Își dorea din tot sufletul să nu îi mai iasă în cale, iar dorința i s-a îndeplinit. Nimeni altcineva nu inspira grosolănia mercantilă a groaznicei perechi care transformase jocul de cărți într-un chin, însă Pollyanna nu a izbutit până aproape de sfârșitul după-amiezii să scape de stingherea-la pe care i-o pricinuiseră.

Seara a trecut mai plăcut decât după-amiaza, cu oaspeți mai puțin numeroși și aleși pe sprânceană. Toți erau dornici să îi facă pe plac tinerei doamne care o striga pe doamna Pendleton „mătușă Ruth". Însă cărțile au fost împărțite, iar în tăcerea ce a urmat se citea o îndârjire cu totul neprielnică unei petreceri între prieteni. Pollyanna a jucat cum a putut mai bine, ca să nu-i stânjenească pe toți acei oameni de treabă și să nu o facă de rușine pe mătușa Ruth, dar, cum era prea ostenită ca să tragă folos de pe urma cunoștințelor ei neîndestulătoare, socotea că partenerii ei, la fel ca și ea, au răsuflat ușurați când a venit vremea să meargă la cină.

Numai când și-a lăsat capul pe pernă, în așteptarea somnului, a înțeles cu adevărat cât de grea îi fusese truda. Zece de cupă i-a apărut de îndată înaintea ochilor, de parcă tocmai ce îl jucase. Apoi a văzut că din fiecare inimă îi rânjea câte un drăcușor, dându-și ochii peste cap. Unii îi scoteau chiar și limba și, când a întors cartea, sperând să scape, zece de cupă s-a prefăcut în doi de pică, iar fetișoarele negre i-au făcut cu ochiul.

Spre dimineață, oboseala i-a învins neliniștea și a izbutit să adoarmă.

Pollyanna nu a mai jucat cărți, cu toate că mătușa Ruth o invitase în câteva rânduri. În schimb, au petrecut vremea citind, mergând la concerte și la cumpărături, prânzind cu unchiul John la club și luând parte la un spectacol de binefacere pentru Orientul mijlociu. Duminică, Jimmy a venit la cină, apoi a adus-o pe Pollyanna acasă.

Sosirea a fost întocmai cum sperase. Copiii mai mari au scos strigăte de încântare la vederea ei și au strâns-o în brațe de parcă nu voiau să-i mai dea drumul vreodată. Bebelușul a gângurit. Jiggs a lătrat până a răgușit, apoi, înhățând mănușa pe care Pollyanna o pierduse când a luat bebelușul pe genunchi, s-a ascuns sub divan ca să o roadă în voie. Sin s-a frecat de rochia ei și a tors, iar cântecul de bun-venit al lui Bucle de Aur s-a făcut auzit deasupra întregii zarve.

– Parcă arăți mai bine, a spus Jimmy, examinând-o critic. Te-ai odihnit cum se cuvine, nu-i așa?

Pollyanna a șovăit, apoi a izbucnit în râs.

– Crede-mă, Jimmy, că o mamă sleită de puteri, pe care toți cei din jur o compătimesc, nu muncește la fel de mult ca femeile de felul mătușii Ruth, care fac parte dintr-o duzină de cluburi și de societăți și li se pare firesc să citească tot ce merită citit și să vadă tot ce merită văzut. Dar se spune că schimbările sunt binevenite și, dacă într-adevăr e așa, atunci am petrecut o săptămână odihnitoare.

CAPITOLUL VI

Pollyanna primește oaspeți

Pollyanna hotărâse să își sărbătorească întoarcerea cu o petrecere pentru copii. În familia Pendleton, petrecerile copiilor erau lipsite de orice fast. Nici măcar nu încercau să imite tradițiile adulților, cu invitații, ornamente și un meniu complicat. Cel Mic și Judy își chemau prietenii la petrecere fără ceremonie și se găseau întotdeauna tartine și prăjituri pentru câțiva oaspeți neașteptați. Când prilejul o cerea, serveau înghețată de vanilie și pandișpan. Iar Pollyanna li se alătura fără aerul de superioritate al adulților, ci cu o vioiciune care îi dădea măcar în parte dreptate lui Jimmy când o învinuia că rămăsese copil.

Când s-a sfătuit cu doamna McGill în privința cofetarilor din împrejurimi, vecina ei s-a dovedit nespus de curioasă și, în cele din urmă, s-a invitat singură la petrecere.

– Ți-aș fi de mare ajutor. Iar copiii au mereu nevoie de cineva care să-i șteargă la nas. Îngăduie-mi să vin, te rog.

– M-aș bucura să vii, i-a zâmbit Pollyanna. Și voi avea poate nevoie de mai mult ajutor decât de obicei, căci petrecerea va fi mai mare decât plănuisem. Atât Cel Mic, cât și Judy au adăugat câteva nume pe listă. Judy ține morțiș să o invite pe Inez Richards. Spune că-i o fetiță săracă a cărei mamă e nevoită să lucreze. M-am mirat, pentru că...

Pollyanna s-a oprit văzând că doamna McGill se apucase strâns de frânghia de rufe, hohotind de râs pe mutește. Asemenea voioșie se răspândește la fel de ușor ca o molimă, iar Pollyanna a râs și ea, fără să știe ce era atât de hazliu.

– *De ce* râzi așa? a întrebat ea când doamna McGill a gemut în surdină și și-a șters lacrimile. Nu înțeleg cum sărăcia vecinilor ar putea fi pricină de veselie.

– Oh, cât îmi doresc să te audă Mildred Richards! a murmurat doamna McGill cu osteneală în glas. Și cât îmi doresc să fiu și eu de față. Închipuie-ți numai că lui Judy îi e milă de Inez pentru că mama ei e săracă! Nu sărăcia o împinge pe Mildred în lumea afacerilor, copilul meu, ci dorința de a-și face un nume.

Pollyanna a făcut ochii mari.

– Poate că sunt înceată la minte, dar mă tem că nu înțeleg.

– Corvezile casnice, a explicat doamna McGill, ca și cum ar fi fost vorbele altcuiva, pârjolesc sufletul până la rădăcină. Îndatorirea de căpătâi a unei mame este progresul.

– Cu ce fel de muncă se ocupă la oraș?

– Cred că ține un mic magazin de suveniruri pe strada Newbury.

– Nu înțeleg cum o asemenea muncă îi înlesnește progresul mai mult decât creșterea unui copil.

– Pentru că ai principii de modă veche, dragă. O adevărată femeie modernă ar pricepe de îndată. Iar, pe de altă parte, cu toate că Jim Richards se descurcă grozav de bine pentru anii lui, nu cred că i-a dat mâna să-i cumpere haina de blană de o mie de dolari pe care a purtat-o iarna trecută.

Doamna McGill a izbucnit pe neașteptate în râs.

– Îmi place când îți încrețești buza de sus cu dispreț. Mă temeam să nu fii prea drăguță, dar acum mi-ai împrăștiat orice îndoială.

Îndată după acea conversație, Pollyanna i-a dat voie lui Judy să o invite pe Inez la petrecere. Cum mama nu era săracă, Pollyanna înclina să vadă în Inez un copil nefericit, vrednic de compasiunea și de ajutorul celor miloși. Cei mai mulți dintre copii, primind invitația, au spus că-și vor întreba mamele; Inez a acceptat pe loc.

Plănuiseră petrecerea pentru sâmbătă la ora trei, însă cu puțin înainte de două s-a auzit soneria. Nancy s-a grăbit să răspundă, punându-și din mers un șorț curat, iar câteva clipe mai târziu a strigat din josul scărilor:

– E o fetiță, domnișoară Pollyanna. Spune că a venit la petrecere.

Judy, cu o perie îmblânzindu-i părul plin de bucle, a scăpat din mâinile mamei ei și a fugit pe coridor ca să spioneze pe deasupra balustradei.

– E Inez Richards, a vestit ea bucuroasă. Bună, Inez!

– Bună, i-a răspuns de jos o voce ascuțită, iar Pollyanna, venind să-și recupereze fiica, a dat cu ochii de o fetiță care ședea țeapănă pe marginea unui scaun atât de înalt, încât picioarele i se legănau supărător la oarecare distanță de podea.

Pollyanna nu s-a mirat să o vadă pe Inez sosind cu o oră mai devreme. Mama ei plecase la oraș, ca să-și facă un nume vânzând ilustrate și poșete, iar servitoarea căreia i-o lăsase în grijă pe Inez se bucura, fără îndoială, să scape cât mai grabnic de îndatoriri.

– Ajut-o să își scoată paltonul, Nancy, a îndrumat-o Pollyanna, și adu-i un scaun mai mic pe care să stea confortabil.

Apoi i-a vorbit direct musafirei.

– Judy nu e gata încă, dragă. O să coboare de îndată ce se îmbracă.

Copiii întârzie rareori la petreceri. Până la ora trei se aflau cu toții de față, iar Jiggs, care se făcea din ce în ce mai obraznic, prinsese un avânt vecin cu frenezia. Nu era un câine morocănos. Încă nu i se trezise instinctul straniu al câinilor mai bătrâni de a judeca fiecare om în parte, ci îi iubea pe toți, de la stăpâni la poștaș și de la negustorul de gheață până la cel mai zdrențăros vagabond care ciocănea la ușa din dos și cerea de mâncare cu glas plângăreț. Dar pe copii îi adora. Micuții Pendleton erau zeitățile la altarul cărora Jiggs își închinase întregul lui suflet de cățel. Și, în vreme ce casa se umplea încet cu zeități mai mărunte, băieței zâmbitori și fetițe neobișnuit de respectabile, fericirea lui Jiggs a atins delirul. A gonit prin încăperi lătrând fără oprire, smulgând batiste din mâinile celor mici și trăgând de capetele fluturând ale cravatelor, până ce nu a mai lăsat în urmă decât vaiete și distrugere. Pollyanna l-a hăituit și l-a prins – era prea entuziasmat ca să-i asculte ordinele – și l-a cărat zbătându-se în bucătărie.

– Nancy, ia-l pe Jiggs și încuie-l în pivniță. Purtarea lui ne face familia de rușine.

Jiggs a scos un urlet de tristețe când s-a văzut în mâinile lui Nancy, înțelegând prea bine că avea să fie izgonit din raiul de ale cărui privilegii se folosise cu aproape la fel de multă nepăsare ca și un om. Pollyanna s-a grăbit să se întoarcă la petrecere, temându-se că sunetele jalnice de care se făcea vinovat Jiggs aruncaseră o umbră asupra festivităților. S-a dovedit, însă, că și-ar fi putut cruța temerile, căci vacarmul din camera de zi acoperea aria melancolică a lui Jiggs.

Pollyanna a deschis jocurile fără să aștepte sosirea doamnei McGill. Nouă băieței așteptau stingheriți, zâmbind ștrengărește unul către altul și pândind orice prilej de năzbâtii. Singura ei apărare, după cum aflase cu alte prilejuri, era să nu-i lase nici o clipă fără ceva de făcut, cu destule schimbări încât să le păstreze curiozitatea și atenția. Cele zece fetițe erau, în cea mai mare parte, întruchiparea bunei cuviințe și oaspeți mult mai ușor de ținut în frâu, dar, uneori, până și ele radiau atâta zburdălnicie, încât Pollyanna știa că ar fi fost mai înțelept să nu le piardă din ochi.

Când doamna McGill a trecut pragul, și-a acoperit urechile în glumă, apoi a prins-o pe Pollyanna de braț și a tras-o după ea în sufragerie, unde se putea face auzită fără să ridice glasul.

– Ce femeie remarcabilă! Sub acoperișul tău e o zarvă cumplită, iar tu încă nu dai semne de nebunie.

– N-aș putea face asta în fiecare zi, a recunoscut Pollyanna, dar, când și când, îmi place. Cred că am, după cum spune lumea, nervi de oțel. Vai, Jack Horner, oprește-te!

S-a repezit pe coridor, unde Jack Horner o apucase pe Genevieve Wilkins de bucle și o mâna strigându-i: Dii!, ceea ce o jignea peste măsură. Genevieve era un copil cu lacrimile mereu gata să curgă și, înainte ca Pollyanna să-i astâmpere prigonitorul, a izbucnit într-un plâns amarnic. Pollyanna l-a izgonit pe Jack Horner în altă încăpere, iar doamna McGill s-a străduit să o liniștească pe Genevieve cea suferindă, în timp ce petrecerea continua nedomolită.

Când ora gustărilor se apropia, iar Pollyanna, încinsă și cu părul ciufulit, socotea că zgomotul făcut de copiii ei i-ar fi fost îndeajuns, s-a auzit soneria. Cum Nancy era ocupată, Pollyanna a răspuns chemării, așteptându-se să găsească poștașul sau vreun negustor de haine vechi. Atunci surprinderea a trezit-o pe loc din toropeală. Cu un strigăt de uimire, a ieșit pe verandă, închizând ușa în urma ei.

Pe verandă aștepta un băiat, ținând în brațe un cățel, care, la vederea Pollyannei, a început să dea vesel din coadă și i-a zâmbit câinește. Pe jumătate ascunși îndărătul cățelului, o pereche de ochi negri o priveau țintă. Era Philip.

– S-a pierdut, a înștiințat-o băiatul.

– Jiggs! Câine rău! Unde l-ai găsit?

Jiggs nu era atât de simțitor încât să se lase strivit de o mustrare. Coada lui strâmbă vibra ca o pendulă cu mințile pierdute. A lătrat poruncitor și și-a făcut cunoscută voința zbătându-se ca să scape din strânsoarea lui Philip. Pollyanna i-a cerut să îi dea drumul.

Philip a slăbit strânsoarea, iar Jiggs și-a sărbătorit libertatea sărind pe stăpână și primejduindu-i rochia de mătase cu labele lui butucănoase de cățeluș. Pollyanna l-a pleznit, cu toate că i-ar fi fost mai lesne să oprească un uragan, și a repetat întrebarea:

– Unde l-ai găsit?

– Ah, acolo jos.

Degetul lui Philip a desenat un cerc în aer, arătând către clopotnița bisericii episcopale. Pollyanna nu știa dacă Jiggs, scăpat din temniță cruntă, rămăsese prin împrejurimi sau fugise cu adevărat de acasă când Philip l-a zărit și l-a prins, hotărât să-și câștige astfel intrarea la petrecerea unde nu era binevenit.

Cum nu putea primi răspuns la acea întrebare, Pollyanna găsi mai potrivit să-i arate recunoștință.

– Hai la ușa din spate, Philip. Ți-ar plăcea să mănânci niște înghețată și un fursec cu glazură roz?

Era limpede că lui Philip nu-i stătea gândul la lucruri pământești. Tânjea după prieteni, nu după înghețată. Mergând pe urmele Pollyannei, și-a ciulit urechile la auzul veseliei din casă.

– Sunt o grămadă de copii aici, a spus el.

– Da. Ce gălăgie fac, nu-i așa?

Nu-i era ușor să-și păstreze voioșia din glas, căci îl compătimea cu adevărat pe micuțul proscris care tropăia în urma ei.

– Pentru că se joacă. Știu un joc grozav. I l-am arătat mai demult unui băiețel și mi-a zis că s-a distrat pe cinste.

– Vai de mine, a cugetat Pollyanna. Jimmy Pendleton a scăpat de multă bătaie de cap când a hotărât să-l ținem pe Philip departe de copii, dar m-a lăsat pe mine să mă îngrijesc de asta. Mi-ar plăcea să-l văd cum se descurcă acum.

Laolaltă cu însoțitorii ei, Pollyanna a intrat în bucătărie pe ușa din dos, spre nemăsurata uimire a lui Nancy, care a scăpat o cratiță din mână și a strigat: „Doamne, ai milă!" cu zelul unui întreg cor de enoriași la slujba de duminică. Apoi s-a uitat la nou-venitul cu patru picioare, iar ochii aproape că i-au ieșit din orbite.

– Sfinte Dumnezeule, domnișoară Pollyanna, unde ai găsit un câine care-i seamănă lui Jiggs ca două picături de apă?

– E *chiar* Jiggs, Nancy. Cum a scăpat din pivniță?

– N-a scăpat, domnișoară Pollyanna, căci n-am deschis ușa nici măcar o dată și prin crăpături n-au loc să treacă nici șoarecii, darmite un câine.

Dar pivnița s-a dovedit goală și, încredințându-se în acea privință, Nancy și-a amintit că, în toiul petrecerii, cineva venise să citească contorul de gaz.

– Jiggs s-a strecurat afară pe la spatele meu, a strigat Nancy, consternată de o asemenea perfidie. Vai de mine, cine și-ar fi închipuit că-i atât de șiret, cu fața asta de copil nevinovat?!

În timp ce Nancy scotocea pivnița după Jiggs, Pollyanna deschisese înghețata înainte de vreme, iar Philip avea acum dinainte o farfurie plină ochi și un fursec în formă de inimă, decorat cu o minunată glazură roz. Dar mânca fără tragere de inimă, de parcă gândurile i-ar fi rătăcit în altă parte, iar compătimirea a împins-o pe Pollyanna să zăbovească atât încât, când s-a alăturat doamnei McGill, sărmana femeie se găsea în pragul leșinului.

– Ah, draga mea, unde ai fost? Băieții au început să se împingă și au spart vaza de pe piedestalul din mahon. Iar Genevieve a plâns iarăși, pentru că a călcat-o cineva pe picior.

Pollyanna a rămas netulburată.

– Genevieve plânge de cel puțin trei ori când își petrece aici după-amiaza. Astăzi n-a plâns decât de două ori, ceea ce-i nemaiauzit. Iar vaza n-a costat decât douăzeci și cinci de cenți. Am ascuns lucrurile scumpe înainte de petrecere.

A bătut din palme ca să le câștige atenția.

– Ascultați, băieți și fetițe. Vom merge în sufragerie foarte, foarte încet, fără să ne împingem sau să ne înghesuim și ne vom așeza pe scaune, de-a lungul pereților și o să așteptăm ca să vedem ce se întâmplă.

Oaspeții au râs în cor la gluma Pollyannei și au râs din nou când Judy a strigat:

– Știu ce se întâmplă – înghețată.

Și, cu toate că drumul către sufragerie nu s-a asemănat în nici o privință unei parade militare, copiii s-au bulucit fără răutate și nici măcar Genevieve nu a găsit pricină de plâns.

Seara târziu, când copiii au mers la culcare, Jimmy s-a prefăcut că descoperă în paginile mondene ale ziarului din Boston o știre despre festivitățile zilei.

– Ascultă aici, a strigat el. „În această după-amiază, douăzeci de micuți s-au bucurat de ospitalitatea doamnei James Pendleton, una dintre cele mai fermecătoare gazde din suburbia selectă în care locuiește începând din luna septembrie. Fiica doamnei Pendleton, cunoscută apropiaților drept Judy și fiul ei, James cel Mic, au primit oaspeții împreună cu mama lor. Cei de față au declarat că au petrecut de minune."

– S-au distrat, într-adevăr, a răspuns Pollyanna mulțumită. A fost atât de frumos, Jimmy! Mi-aș fi dorit să pleci mai devreme de la muncă, să-i poți vedea și tu.

Și, oricât de bine ar fi cunoscut-o, Jimmy nu a băgat de seamă că își ținea entuziasmul în frâu. Cu toată bucuria din suflet, Pollyanna nu putea uita dorința pe care o citise în ochii doamnei McGill când îi ajutase pe copii să își îmbrace paltoanele. Iar amintirea lui Philip, cu stomacul plin și inima goală, era și mai stăruitoare.

CAPITOLUL VII

O întâlnire furtunoasă

Era de la sine înțeles că Pollyanna își creștea copiii în spiritul Jocului Bucuriei. De îndată ce au atins vârsta la care puteau să înțeleagă, le-a povestit despre perechea de cârje din butoiașul misionar și despre Jocul care pornise chiar atunci. Iar ei i-au primit cu dragă inimă învățăturile, căci numai cei care și-au pierdut sufletul de copil socotesc că înțelepciunea se ascunde în negura tristeții.

Când zăpada care îmbrăcase pământul în alb la ceas de seară s-a topit până a doua zi sub o ploaie măruntă, iar Cel Mic, care-și scosese sania din pivniță, pregătit pentru dimineață, a plâns la vederea pământului gol, Judy l-a consolat, spunându-i:

– Dar poți să te bucuri că mătușa Sadie îți trimite costumul de indian, ca să ne scalpezi, pe mine, pe Jiggs și pe bebeluș.

Cel Mic a găsit planul atât de ispititor, încât a zâmbit printre lacrimi. Iar când Inez Richards s-a văitat că mama ei lipsea deseori de acasă, Cel Mic a căutat, la rândul lui, să o aline.

– Dacă mama n-ar trebui să plece la muncă, mi-ar da pâine cu gem când mi se face foame. Dar Mary spune că mă țin de prostii.

Cel Mic a clătinat din cap cu înțelepciune.

– Dar, Inez, dacă mama ta ar sta acasă, nu ți-ar da voie să vii atât de des pe la noi, așa că poți să te bucuri pentru asta.

Pollyanna l-a auzit și a zâmbit. Era adevărat că, dacă doamna Richards ar fi știut cum își petrecea fiica sa timpul, de îndată ce se închidea grădinița și până la ora șase, ar fi înțeles că profita de ospitalitatea casei lor. Pollyanna se întreba dacă toate mamele care tânjeau să-și facă un nume în lumea cea mare își predau toate celelalte responsabilități în mâinile unui străin oarecare, lipsit de orice îndatorire în acea privință.

Tovărășia lui Inez, între patru și șase ceasuri pe zi, era o plăcere de care s-ar fi putut lipsi, mai cu seamă că, în lipsa mamei ei, copilul își făcea de cap. Servitoarea, pe care doamna Richards o lăsase la cârmă și cu a cărei pricepere se lăuda atât, era un zbir în ceea ce privea ordinea și curățenia, iar pe copii îi privea cu dezaprobare fățișă, socotindu-i întruparea unor forțe ostile celor două zeități la care se închina. Idealul lui Mary era o casă veșnic curată și, în strădania de a-și îndeplini visul, o ținea pe Inez afară cât mai mult cu putință.

Într-o după-amiază, Pollyanna a auzit-o pe Inez întrebându-l pe Cel Mic:

– Nancy e cumva mătușa sau bunica ta?

Cel Mic a cugetat.

– Nici una, nici alta, a răspuns el în cele din urmă. E doar Nancy.

– Doar nu-i fata în casă?

– Păi... așa aș zice.

– Ba nu-i. Fetele în casă nu-i suferă pe copii. Cred că-i un fel de bunică și îți dă voie să o strigi Nancy ca să nu creadă lumea că-i bătrână.

Cu toate că Pollyanna s-ar fi bucurat la fel de mult de viață chiar și fără vizitele lui Inez, nu avea inima să întoarcă spatele copilului singuratic. Și, cum Inez se afla mereu în preajma lui Judy și a Celui Mic, a găsit de cuviință să o educe la fel ca pe copiii ei, stăruind să păstreze buna-cuviință și veselia în jocurile lor și să-i dea ascultare atât ei, cât și lui Nancy fără împotrivire. După ce a trimis-o acasă în câteva dăți pentru că pornise o ceartă sau pentru că îi răspunsese lui Nancy cu obrăznicie, Inez a devenit, dacă nu un model demn de urmat, măcar o răufăcătoare foarte precaută.

– Negreșit, Inez îmi dă tot atât de multă bătaie de cap ca și Cel Mic, i-a spus Pollyanna lui Jimmy. Aș putea la fel de bine să am patru copii în loc de trei, în ceea ce privește disciplina.

– Măcar nu trebuie să-i cumpărăm pantofi, a spus Jimmy, care tocmai plătise o factură pentru garderoba întregii familii. Putem fi recunoscători pentru asta.

Pollyanna a înțeles cât de puternice erau prejudecățile pe care le nutrea împotriva mamei lui Inez de abia în seara când doamna Richards a sosit în vizită, cerându-și iertare pentru absența soțului său, care avusese de gând să o însoțească, însă afacerile îl reținuseră în oraș. Întâlnind-o între patru ochi, s-a văzut dezarmată de o latură plină de farmec a personalității doamnei Richards. Era o femeie înaltă și zveltă, cu priviri arzătoare de fanatic. Se credea nici mai mult, nici mai puțin decât vestitoarea unei noi religii și, după ce au schimbat câteva banalități, conversația s-a transformat într-o adevărată propagandă.

– Ah, firește că mi-e greu, doamnă Pendleton, să merg în fiecare zi la oraș. Și încă și mai greu, pentru că soțul meu nu mă sprijină. Se descurcă bine în afaceri și nu înțelege că banii pe care-i câștig au, pentru mine, foarte mică însemnătate. Principiul e ceea ce contează.

Pollyanna a șovăit. Nu dorea să o contrazică pe doamna Richards chiar de la prima întâlnire, dar nici nu știa cum ar putea să-i încuviințeze spusele. Uitase, însă, că entuziaștii nu cer de la cei cu care stau de vorbă nimic mai mult decât un mârâit, când și când, și o privire înzestrată cu oarecare inteligență. În timp ce căuta un răspuns potrivit, doamna Richards continua, fără să-i pese că Pollyanna nu scosese încă nici o vorbă.

– Vai, doamnă Pendleton, mă gândesc doar la binele femeilor care trudesc zi de zi, prinse în vâltoarea corvezilor casnice! În Rusia am văzut urmările revoltei împotriva tiraniei și, dacă femeile ies la luptă, consecințele vor fi încă și mai cumplite.

Pollyanna a găsit prilejul de a-i pune o întrebare.

– Dar, în cele din urmă, orice muncă devine o corvoadă; afacerile, în aceeași măsură ca gospodăria?

– Cum ai spus?

Era limpede că întrebarea Pollyannei îi curmase celeilalte femei șirul gândurilor și că doamna Richards dorea mai cu seamă să dea glas propriilor principii, nu să le audă pe cele ale gazdei sale. Pollyanna și-a repetat întrebarea, adăugând o lămurire.

– Afacerea dumitale, de pildă. Ai un magazin de suveniruri, nu-i așa? Firește, când sosește marfa, trebuie despachetată și aranjată pe rafturi sau în vitrine, iar prețul scris pe fiecare obiect. Apoi, când vin clienții, le arăți mai întâi o sumedenie de lucruri pe care nu le vor și poate, în cele din urmă, găsesc ceva ce le place. Apoi trimiți facturi și plătești facturi și stai cu ochii pe îngrijitor ca să-și facă treaba cum se cuvine și mai ai încă o mie de treburi de făcut pe care dumneata le cunoști mai bine decât mine. Mi se par toate niște corvezi asemenea muncilor zilnice din gospodărie.

– Dar trebuie să recunoşti, a spus doamna Richards, îngroşându-şi vocea, că orizontul unei femei se lărgeşte în contact cu lumea.

Discuţia devenea o controversă în pofida celor mai bune intenţii. Pollyanna a oftat, dar nu a dat înapoi.

– Nu văd cum ţi-ai putea lărgi mai mult orizontul vânzând nişte mărgele unei femei, decât cumpărând carne de pui de la măcelar.

Doamna Richards nu a ţinut seamă de vorbele ei.

– Doamnă Pendleton, a spus ea cu zel, vreme de generaţii întregi bărbaţii s-au străduit să ţină femeile pe o poziţie inferioară lor. E revoltător să te gândeşti câte minţi strălucite s-au irosit măturând, ştergând praful şi pregătind trei mese pe zi. Ce risipă! Cea mai îngrozitoare risipă a vremurilor noastre e talentul investit în ceea ce lumea numeşte muncă de femeie.

– Dar nu trebuie să uităm, i-a amintit Pollyanna cu blândeţe, că ni s-a încredinţat cea mai însemnată muncă dintre toate.

– Vrei să spui, cred, că trebuie să le facem bărbaţilor viaţa mai tihnită. Vor să credem că aceasta e cea mai însemnată muncă din lume.

– Nu, câtuşi de puţin. Vorbesc despre creşterea copiilor. Să construieşti zgârie-nori nu are la fel de multă importanţă cât, de pildă, să îndrumi paşii unui băieţel către maturitate, nu-i aşa?

În zâmbetul doamnei Richards se citea o umbră supărătoare de superioritate.

– Dar, draga mea doamnă Pendleton, trebuie să recunoști că rolul mamei în familie are mai puțină importanță în zilele noastre. Femeile de pe vremuri țeseau pânza din care croiau apoi haine pentru copiii lor și dărăceau lâna din care le împleteau ciorapii. Nu doar îi îngrijeau când erau bolnavi, ci creșteau și uscau ierburile din care le fierbeau leacuri. Acum, oameni mai pricepuți fac toate acestea în locul ei. Până și povestea dinainte de culcare se transmite la radio. Mama nu mai este nicidecum cineva de care să nu te poți lipsi.

– Dacă-i adevărat, a ripostat Pollyanna cu voce tăioasă, copiii mei nu au aflat încă și mă bucur pentru asta.

I-a părut rău din clipa în care cuvintele i-au ieșit pe gură, temându-se că doamna Richards avea să le ia drept jignire; dar, chiar atunci, Cel Mic le-a abătut atenția strigând din vârful scărilor:

– Mamă, tot nu s-a întors tăticul?

– Nu, James cel Mic; fugi înapoi în pat și dormi.

– Dar nu pot să dorm fără să-l sărut pe tăticul.

– Am să-i spun să urce la tine în cameră și să te sărute când se întoarce. Și, dacă dormi tun, are să te sărute de două ori.

– Pe cuvântul tău? a stăruit Cel Mic, nu ca să arunce vreo umbră de îndoială asupra adevărului spuselor ei ci, după cum Pollyanna știa prea bine, ca să o facă să înțeleagă însemnătatea promisiunii.

– Pe cuvântul meu, a consimțit Pollyanna și a zâmbit către musafira ei.

Apoi a văzut că doamna Richards se uita la ea cu o curiozitate nemăsurată, de parcă ar fi examinat un animal dintr-o specie necunoscută. Părea un prilej bun să îndrume discuția către subiecte mai puțin controversate și, o vreme, au vorbit despre copiii lor ca două mame obișnuite. Doamna Richards nu i-a mulțumit pentru că îi purta de grijă lui Inez timp de șase zile pe săptămână, iar Pollyanna a râs în sinea ei, știind că nu dădea dovadă de nerecunoștință, ci doar nu știa în ce fel își petrecea fiica ei după-amiezile. Pollyanna se așteptase ca doamna Richards să îi displacă pe de-a-ntregul, dar, în schimb, ceva o atrăgea către femeia aceea slabă și înflăcărată. Îi părea rău pentru ea și bănuia că doamna Richards o compătimea, la rândul ei, crezând-o un exemplar cumplit de înapoiat al generației lor – pe scurt, o femeie cu idei învechite.

Și-au strâns călduros mâinile la plecare.

– Sper că te vei alătura clubului nostru, doamnă Pendleton, a spus doamna Richards. Cu trei copii mici care te țin legată de mâini și de picioare, meriți să mai și petreci uneori.

Pollyanna i-a mulțumit.

– Nu mă îndoiesc că mă voi simți bine la club, iar oricăreia dintre noi îi folosește câte o schimbare. Dar te rog să nu crezi că sunt legată de mâini și de picioare, căci fac întocmai ce-mi place. Petrec mai bine decât oricine altcineva pe lume.

– Firește că e plăcut să simți că îți faci datoria.

– Vai, nu! a izbucnit Pollyanna. Nu, nu e deloc așa, a adăugat ea grăbită, încercând să se facă înțeleasă. Nu aș putea fi nicăieri la fel de fericită ca acasă, lângă copiii mei. Sunt minunați și îi iubesc atât de mult... E atât de frumos să-i vezi crescând și învățând să fie generoși și sinceri și un ajutor de nădejde! Până și atunci când fac pozne sunt grozav de interesanți și hazlii, chiar. Uneori simt că pleznesc dacă nu mă ascund undeva ca să râd.

Doamna Richards s-a uitat la ea cu uimire vădită.

– Păi, a spus ea după o clipă, nu încape îndoială că faci parte dintre femeile menite să crească copii.

A coborât scările cu fața umbrită de gânduri, întrebându-se, poate, dacă ar putea vreodată vorbi despre magazinul de suveniruri cu același entuziasm cu care Pollyanna vorbise despre munca ei.

Când Jimmy a sosit acasă, Pollyanna i-a povestit despre promisiunea pe care i-o făcuse Celui Mic și a mers cu el în camera copiilor, ca să-l vadă aplecându-se și sărutând pe rând obrajii arși de soare. Cel Mic s-a trezit și a privit chipul tatălui său cu iubire, apoi, văzând că mama se afla și ea în încăpere, s-a ridicat în capul oaselor ca împins de arcuri.

– Mamă, a strigat el, cu mintea lui ageră deja plină de gânduri, mamă, nu-i așa că ți-e milă de Dumnezeu, sărmanul?

Pollyanna a tresărit.

– Vai, James cel Mic, ce vrei să spui cu asta?

– Păi, știi, trebuie să ne fie Tată, dar El nu are un tată al Lui. Și nici mamă. Nu crezi, a întrebat Cel Mic nerăbdător, că I-ar plăcea mai mult să fie un băiețel?

Apoi, fără să mai aștepte răspuns, Cel Mic s-a aruncat pe pernă și a adormit de îndată.

CAPITOLUL VIII

Mustrări de conștiință

În familia Pendleton, bucuria Crăciunului se făcea simțită încă de la începutul iernii. Înainte să cadă primii fulgi, Cel Mic și Judy plănuiau daruri cu lipsa de griji a unor milionari. Trebuia să țină seama de atâția... De Crăciun, bebelușul era cel mai însemnat membru al familiei și se găsea întotdeauna în capul listei. Apoi veneau mama și tăticul și mătușa Polly și mătușa Ruth și unchiul John și mătușa Sadie și unchiul Jamie și Nancy și Jiggs și Sin și Bucle de Aur. Și ar fi adăugat numele tuturor copiilor din vecini, dacă Pollyanna nu s-ar fi străduit din răsputeri să-i împiedice.

Bucle de Aur s-a dovedit ușor de mulțumit. O bucată de zahăr și o felie de măr, după cum Pollyanna i-a lămurit pe copii, erau pentru el deopotrivă cu un brad frumos împodobit și o grămadă de cadouri. Sin avea să primească o minge umplută cu iarba mâțelor și o panglică roșie. Pentru Jiggs, care avea obiceiul nefericit de a crește văzând cu ochii, puseseră deoparte o zgardă nou-nouță și îndeajuns de mare încât să-i lase loc grumazului să se îngroașe până la capăt. Copiii se lăsaseră fotografiați la începutul toamnei, ceea ce le făcuse rost de daruri pentru nenumărații unchi și mătuși. S-au sfătuit ore în șir cu mama lor, ca să-i găsească tatălui un cadou potrivit. Vorbeau cu tatăl lor zi de zi, în cea mai mare taină, despre ceea ce i-ar aduce bucurie mamei. Iar amândurora li se cerea deseori îndrumare în privința celui mai însemnat dar dintre toate: al bebelușului.

Pollyanna își dorea din toată inima ca, de la bun început, sărbătoarea să treacă de granițele micului lor cerc și să le aducă fericire celor mai puțin norocoși. S-a îngrijit de asta cu multă băgare de seamă, sperând că va trezi compasiune în inimile celor mici, așa încât îndemnul să vină chiar de la ei.

I-a spus lui Jimmy că ar fi fost de dorit ca, de Crăciun, să facă o donație către Fundația Orientului Mijlociu, iar Cel Mic a ascultat cu luare-aminte. Văzându-l numai ochi și urechi, Pollyanna i-a vorbit despre necazurile pe care asemenea daruri le-ar ușura. Cel Mic nu a avut atunci nimic de spus, dar era limpede că rămăsese pe gânduri, iar Pollyanna nu se îndoia că urma să se facă în curând auzit. Și într-adevăr, la ora culcării, atunci când secretele se încredințează cu mai multă ușurință, Cel Mic a întrebat-o de bunăvoie:

– Mamă, ai vrea să le trimit o parte din banii mei de Crăciun fetițelor și băiețeilor despre care vorbeai cu tăticul?

Inima Pollyannei s-a umplut de mândrie.

– Dacă faci asta, micuțul meu, a răspuns ea, mângâindu-i părul, mama va fi foarte bucuroasă.

Cel Mic a chibzuit.

– Spuneai că mor de foame, mamă?

– Unii dintre ei, da.

– Păi, cum drumul e atât de lung, poate că mor până primesc banii. Aș vrea să-i dau cuiva mai aproape.

Cu ajutorul spălătoresei, Pollyanna a găsit o familie care întrunea cerințele sărăciei și ale apropierii. Spălătoreasa, doamna Todd, era o femeie harnică și respectabilă, care privea cu cel mai adânc dispreț către cei care trăiau din mila societății. Dar în ceea ce o privea pe vecina ei, o anume doamnă Bunting, părăsită de bărbat și cu șase copii mici de crescut, disprețul se contopea cu mila.

– E o femeie amărâtă, coniță. Dacă n-ar fi fost, ar fi scăpat de netrebnicul 'cela de bărbat înainte să scape el de ea. Dar face tot ce-i stă în puteri și copiii-s mai bine-crescuți decât mulți alții și Crăciunul n-o să fie fericit în familia 'ceea dacă nu le dă cineva o mână de ajutor, sărmanii.

Întrebările Pollyannei au scos la lumină că familia Bunting număra un băiețel de vârsta Celui Mic și o fetiță cu trei luni mai mare decât Judy. S-a dovedit mult mai ușor să trezească interesul copiilor pentru niște săraci aflați atât de aproape. Primele daruri de Crăciun s-au îndreptat către cei doi copii apropiați de anii lor. Cel Mic i-a cumpărat băiețelului o mașină de pompieri în miniatură, iar Judy a cheltuit douăzeci și cinci de cenți pe o păpușă pentru fetiță.

– Și poate, în timp ce așteptăm Crăciunul, le-a spus Pollyanna, găsiți niște jucării de care vă puteți lipsi pentru micuții Bunting. Am să așez un coș pe un raft din dulapul de rufe și, când dăm de câte un lucrușor care le-ar putea înveseli Crăciunul, îl punem acolo.

Planul a mers de minune. A doua zi, Cel Mic a îmbogățit coșul cu o cutie de cuburi, vestind plin de importanță că era prea mare ca să se mai joace cu ele, iar Judy și-a dat obolul cu o ceșcuță cu toarta spartă și o fâșie de mătase roz, nu mai mare decât o carte poștală. Pollyanna a pus un costum pe care Cel Mic nu-l mai îmbrăca și câteva rochițe ale lui Judy. Coșul se umplea văzând cu ochii dar, într-o zi, când Pollyanna i-a cercetat conținutul, vrând să se încredințeze că micuții nu adăugaseră vreun lucru fără știrea ei, a văzut că păpușa pe care Judy o cumpărase pentru Mamie Bunting dispăruse.

Neliniștea Pollyannei nu avea nimic de a face cu prețul păpușii. Putea fi înlocuită cu ușurință, dar gândul că printre tovarășii de joacă ai copiilor se găsea o fetiță care nu pregeta să-și însușească lucruri după bunul ei plac era, fără îndoială, îngrijorător. Plouase întreaga săptămână. Cel Mic și Judy își petrecuseră aproape tot timpul în casă, cu Inez mereu în preajmă și cu nenumărate vizite din partea copiilor din vecini. De cel puțin trei ori, în săptămâna care trecuse, Genevieve plecase acasă plângând pentru că primise rolul de elev și nu de profesor când se jucaseră de-a școala, sau pentru că Jack Horner îi spusese că are părul roșu, sau pentru cine știe ce altă pricină la fel de întemeiată. Tinerii Hunt îi vizitaseră deseori. Printre oaspeți se aflaseră la fel de mulți băieței cât fetițe, dar Pollyanna nu găsea trebuincios să pună fapta în seama celor dintâi. Nu se îndoia că păpușa de celuloid, cu burta ei durdulie și zâmbetul prostesc, era ultimul lucru din lume care i-ar fi ademenit.

I-a întrebat pe copii dacă dezvăluiseră vreunui prieten secretul darurilor de Crăciun. Se părea că, fără să le pese că mâna stângă avea să știe milosteniile pe care le făcea dreapta, arătaseră păpușa și mașina de pompieri fiecărui copil care le trecuse pragul. Însă, cu toate că scoseseră jucăriile la vedere cu nemăsurată mulțumire de sine, nu le îngăduiseră niciodată să le atingă.

– Mamie Bunting o să plângă dacă-i stricăm păpușica, a spus Judy cu vocea ei cristalină, iar Pollyanna s-a hotărât să înlocuiască jucăria înainte ca dispariția ei să-i frângă lui Judy inima.

A luat coșul de pe raftul de jos din dulapul cu lenjerie și l-a așezat pe raftul cel mai înalt din dulapul din camera ei, înștiințându-i pe copii că nu aveau voie să îl atingă. În zilele care au urmat, simțea că ar fi trebuit să își ceară iertare de la toate fetițele care îi ieșeau în cale, căci, aproape împotriva propriei voințe, se uita la ele cu toată luarea-aminte, încercând să ghicească dacă nu cumva se făceau vinovate de furtul păpușii care urma să-i înfrumusețeze Crăciunul micuței Mamie Bunting.

Într-o seară, cu o săptămână înainte de Crăciun, Jimmy și-a lăsat ziarul deoparte și i-a dat o mână de ajutor Pollyannei să biruiască o jaluzea încăpățânată. Când s-a întors, a găsit-o pe Judy sprijinindu-se de fotoliu și privind cu toată luarea-aminte desenul care însoțea o petiție în favoarea celor mai sărace familii din oraș. Scruta pagina cu atâta înverșunare, încât părea să citească, iar Jimmy, înveselit peste măsură, i-a făcut semn Pollyannei către micuță. Pollyanna s-a uitat, a zâmbit cu dragoste, apoi a aruncat o privire către ceas.

– Vai de mine, e mai târziu decât credeam! a strigat ea. Judy!

Judy nu s-a mișcat din loc.

-Ai auzit ce ți-a spus mama, drăguța mea? E ora culcării.

Judy s-a întors către ea cu o asemenea nefericire pe chip, încât Pollyanna a tresărit.

– Mămico, a întrebat ea cu vocea tremurând, de ce plânge fetița asta?

Pollyanna s-a uitat la opera de artă care pricinuise nedumerirea lui Judy. O femeie bolnavă de tuberculoză, judecând după obrajii ei scofâlciți, ședea pe un scaun șubred, ținând un bebeluș numai piele și os la sân. Lângă ea stătea o fetiță slabă și zdrențăroasă, cu tristețea încovoindu-i trupul și cu lacrimile șiroindu-i pe obraji.

Pollyanna regreta că Judy văzuse desenul. Groaza din ochii ei arăta că nu fusese pregătită să descopere o latură atât de întunecată a vieții. I-a răspuns cu glas liniștit:

– Fetița aceea plânge pentru că e săracă. Dar cineva o va ajuta să se bucure de Crăciun, iar atunci va zâmbi.

– Plânge că vrea o păpușică?

Pollyanna a găsit prilejul să o aline.

– Firește că vrea o păpușă, ca orice fetiță. Și, când va primi una de Ajun, o să fie foarte fericită.

Credea că, la auzul vorbelor ei, Judy avea să-și recapete voioșia obișnuită, dar a fost dezamăgită când copilul și-a sărutat tatăl fără umbră de zâmbet și a urcat scările cufundată în gânduri, de parcă o parte din poverile lumii se sprijineau pe umerii ei micuți.

În seara aceea, rugăciunile lui Judy păreau să nu mai aibă sfârșit. Cel Mic și-a recitat dorințele în pripă, apoi a sărit în pat și a adormit, în vreme ce Judy încă nu terminase ce avea de spus. S-a rugat pentru întreaga familie, chiar și pentru Jiggs, Sin și Bucle de Aur. S-a rugat pentru fiecare prieten în parte. A început să se roage pentru vecini, hotărâtă, pasămite, să-și facă datoria față de fiecare dintre ei.

– Nu crezi, dragă, i-a sugerat Pollyanna, gândindu-se la hainele păpușii, care mai aveau nevoie de multe cusături până să fie gata, că ai putea spune: și binecuvântează-i pe toți ceilalți prieteni ai mei?

Judy, cu ochii strâns închiși și cu mânuțele durdulii împreunate în semn de evlavie, nu a dat nici un semn că ar auzi-o.

– Și binecuvântează-l pe domnul Hunt... și pe Albert Hunt... și pe Arthur Hunt... și pe Cornelia Hunt... și pe Lizabef Hunt... și pe Sara Hunt... și pe domnul Wilkins... și pe doamna Wilkins... și pe Genevieve Wilkins... și să nu mai plângă atât de mult... și pe domnul Hamilton... și pe doamna Hamilton... și pe Florence Hamilton... și pe domnul...

Lista a ajuns în cele din urmă la capăt, în ciuda temerilor Pollyannei că avea să țină până la miezul nopții. Apoi, când a sărutat-o pe Judy de noapte bună, două brațe dolofane i-au cuprins grumazul într-o strânsoare de fier.

– Mămico, spune-mi o poveste.

– Vai, draga mea, nu pot. Știi, trebuie să-l ajut pe Moș Crăciun, are în grijă atât de mulți copii...

– Vreau să beau niște apă.

Pollyanna a râs, înțelegând că Judy încerca să mai câștige timp.

– Ai băut înainte să urcăm, dragă. Nu ți s-a făcut iar sete. Acum încearcă adormi cât mai repede. Poate că o să visezi un brad de Crăciun.

Pollyanna cosea butoniere pe cămașa de noapte a păpușii, iar Jimmy îi citea *Poveste de Crăciun*[1] cu glas tare, așa cum făcea întotdeauna de sărbători, când, dinspre etajul de deasupra, i-a ajuns la ureche un sunet îngrijorător. A lăsat jos cartea ca să asculte.

– Oare e unul dintre copii? a strigat el.

– Ce s-a întâmplat, Jimmy?

– Parcă plânge cineva în surdină.

Pollyanna a urcat scările în goană. Jimmy nu se înșelase. Judy zăcea în pat, cu lacrimile șiroindu-i pe obrajii bucălați, suspinând pe înfundate. Supărările lui Judy erau îndeobște furtunoase, iar durerea aceea înăbușită îi dădea mai multă pricină de îngrijorare decât orice izbucnire zgomotoasă.

S-a aplecat cu tandrețe deasupra patului.

– Ce s-a întâmplat, drăguța mea?

– Mă – mă doare, a suspinat Judy.

– Unde te doare?

– Aici.

Judy și-a pus mâna pe mijlocul stomacului durduliu și a început să plângă în hohote.

Pollyanna a plecat să caute punga cu apă caldă.

– Ai mâncat ceva fără să știe mama? a întrebat ea, după ce a făcut ce era de trebuință ca să o aline pe micuța suferindă.

– Nu, mămico, a suspinat Judy.

– Sigur nu a adus vreun copil prăjituri sau bomboane?

---

[1] *A Christmas Carol* (1943), roman de Charles Dickens *(n. trad.)*.

– Pe cuvânt, mămico.

– Atunci are să-ți treacă repede. Încearcă să adormi.

Dar, cu toate că punga îi încălzea stomacul și mâna mamei îi mângâia fruntea, Judy nu s-a oprit din plâns, iar Jimmy a intrat în încăpere, cu neliniștea citindu-i-se pe chip.

– Nu crezi, a întrebat el, coborându-și grijuliu glasul, că ar fi mai bine să chemăm doctorul?

– Nu pare să aibă febră, a răspuns Pollyanna. Și cu siguranță ar fi avut, dacă era ceva grav.

S-a întors către pacienta ei.

– Te simți mai bine, draga mea?

– Nu, a hohotit Judy, cu o vehemență neașteptată. Mă doare tare de tot.

Pollyanna aproape că i-a dat dreptate lui Jimmy; însă, înainte să-l trimită la telefon ca să cheme doctorul, Judy a prins-o de braț.

– Mămico, a întrebat ea cu glas jalnic, fetița din ziar plânge că i-am luat păpușica?

Pollyannei i s-a oprit inima în loc. A crezut mai întâi că micuța delira. Apoi, un alt gând a făcut-o să îl oprească pe Jimmy din drum.

– Despre ce păpușă vorbești?

– Cea pe care am luat-o din coș.

– Unde ai pus-o?

Judy a sărit din pat, lăsând punga de apă caldă să cadă pe podea cu un clipocit de protest. A intrat în camera copiilor, cu părinții pe urmele ei și s-a așezat pe podea în fața unui cufăr de jucărie, un dar excentric din partea mătușii Ruth, zăvorât cu ditamai lacătul. A descuiat cufărul, a tras sertarul, a luat din el câteva lucruri și, în cele din urmă, tocmai de la fund, a scos la iveală un pachet învelit într-o bucată de flanel albastru. S-a dovedit a fi, într-adevăr, păpușa pe care Mamie Bunting urma să o primească de Crăciun.

Timp de o clipă, Pollyanna a amuțit. I se părea o nesăbuință să dea prea multă însemnătate fărădelegii lui Judy. Ca Acan, a văzut și a jinduit; a luat și a tăinuit. Nimic de mirare. Însă o îngrozea felul în care fetița păstrase secretul, nepăsarea ei, căutătura ei nedumerită și plină de nevinovăție.

Pollyanna auzise despre copii care primiseră fructul oprit din mâini întinate, fără ca mamele lor să afle vreodată, și se întrebase întotdeauna cum de fusese cu putință. Acum știa. Oare ce neînțelegere din trecut îi făcea pe copii să-și apere cu atâta îndârjire secretele? A rămas fără grai, înspăimântată de profunzimea datoriei ei.

Într-un sfârșit, a vorbit cu multă blândețe.

– Trebuie să fii mai mărinimoasă, nu-i așa, draga mea? Căci tu ai multe jucării, iar sărmana Mamie, atât de puține.

– A plâns că voia păpușica, a spus Judy fără șovăire.

Pollyanna a înțeles că, pentru Judy, Mamie Bunting cea în carne și oase nu era decât o nălucă, iar copilul care plângea trăia aievea. A însoțit-o pe Judy înapoi în pat și a ridicat punga cu apă caldă de pe podea.

– Mai ai nevoie de ea?

– Nu mă mai doare, a răspuns Judy și s-a cuibărit în pături cu un suspin adânc de ușurare.

Jimmy găsea întreaga întâmplare grozav de amuzantă și râdea pe socoteala Pollyannei, care-și făcuse atâtea griji. Iar Pollyanna a recunoscut, în cele din urmă, că se bucura de ceea ce se petrecuse.

– Mă bucur, Jimmy, deoarece mi-a arătat că o mamă trebuie să muncească din răsputeri ca să câștige încrederea copiilor ei. Nu e de ajuns să le arăți dragoste și înțelegere. Ah, chipul acela de nepătruns! Apoi, a urmat ea, înseninându-se, mă bucur că a mustrat-o conștiința fără ca eu să-i fi spus măcar un cuvânt. Nu voia să se dea în vileag, drăguța de ea!

– Te poți bucura pentru încă un lucru, a declarat Jimmy solemn. Știm de ceva timp că iubirea bărbaților trece prin stomac, iar acum, mulțumită lui Judy, am aflat că și conștiința tot pe acolo se plimbă.

CAPITOLUL IX

Surprize de Crăciun

Cum Judy își ușurase conștiința, și-au continuat veseli pregătirile pentru Crăciun. De Ajun, Jimmy a vizitat familia Bunting cu două coșuri mari și, la întoarcere, copiii, cărora li se îngăduise să rămână treji dincolo de ora culcării, l-au supus unui interogatoriu bine cunoscut părinților de pretutindeni.

– A plâns fetița? a deschis Judy represaliile.

– Să plângă! Nici pe departe. Se distra de minune cu păpușa cea nouă și zâmbea până la urechi.

– A plâns odată, a stăruit Judy, în mintea căreia copilul oropsit din ziar căpătase viață. A plâns că i-am luat păpușica.

– Dar băiețelului i-a plăcut mașina de pompieri? a vrut să știe Cel Mic, la rândul lui.

– Foarte mult. E un băiețel destul de tăcut, dar am văzut că era mulțumit.

– Cum îl cheamă, tăticule?

– Dan, cred.

– E mai mare decât mine sau mai mic?

– Părea cam tot atât de înalt, dar nu la fel de greu.

– L-aș putea doborî dacă ne luăm la trântă?

– Nu știu.

– Dar ce crezi? Poți să-mi spui ce crezi, nu-i așa, tăticule?

– Cred că te-ar doborî el pe tine.

Cel Mic nu s-a dovedit mulțumit de răspuns.

– Dar, tăticule, a stăruit el, de ce crezi că m-ar doborî?

– Părea să fi avut parte de mai mult antrenament în această privință.

– Ce înseamnă antrenament?

Jimmy s-a uitat rugător către Pollyanna, iar ea i-a venit în ajutor, declarând că sosise ora culcării.

– Moș Crăciun trebuie să vă găsească pe toți dormind tun, le-a amintit ea copiilor.

Cel Mic i-a aruncat o privire atotștiutoare. Întâlnise la grădiniță câțiva tineri dezamăgiți care, văzându-și iluziile spulberate, nu-și găseau liniștea până ce nu le nimiceau și pe ale celorlalți. Cel Mic venise acasă nespus de tulburat, iar mama îl consolase și îl luminase în același timp, explicându-i în cuvinte potrivite înțelegerii lui că Moș Crăciun era întruchiparea bunăvoinței și a dărniciei din preajma sărbătorilor și că, în timp ce el înaintase îndeajuns în vârstă ca să priceapă la fel de bine ca un bărbat în toată firea, Judy și bebelușul nu erau pregătiți pentru o asemenea descoperire. Mândria de a se vedea așezat în rândul adulților aproape că l-a despăgubit pe Cel Mic pentru pierderea credinței în sfântul protector al copilăriei și, ori de câte ori venea vorba despre Moș Crăciun, ceea ce se întâmpla deseori în ultimele zile, aproape că-i făcea mamei cu ochiul, spre amintirea secretului pe care îl împărțeau.

După ce copiii au încetat să le pună tot felul de întrebări din capul scărilor și au mers în sfârșit la culcare, Jimmy și Pollyanna s-au distrat de minune umplând ciorapii cu daruri și împodobind bradul. În camera de zi se găsea un șemineu. Timp de o săptămână nu-și putuse îndeplini menirea, căci pe Judy o preocupase mărimea hornului în asemenea măsură încât, dacă focul ar fi fost aprins, s-ar fi prăbușit fără îndoială în el. Drept fundal pentru pregătirile de Crăciun însă, șemineul nu-și găsea pereche, iar Pollyanna, admirând ciorapii care atârnau pe cărămizile roșii, l-a întrebat pe Jimmy dacă nu era întocmai ca o carte poștală de Crăciun.

Singurul care amenința liniștea serii era Jiggs. Când găsea un pachet învelit în hârtie nu-și mai găsea astâmpărul, iar acum, înconjurat de atâtea, își pierduse cu totul capul. Zburda frenetic prin încăpere, mirosind, lovind cu labele și, uneori, lătrând. A sărit la șirul de ciorapi, dărâmându-l pe cel al lui Judy. Le-a tăiat calea stăpânilor de nenumărate ori, făcându-i să se poticnească. Însă numai când i-a smuls din mână un fular tricotat pe care mătușa Polly în trimisese Celui Mic și a luat-o cu el la goană prin toată casa, Pollyanna a înțeles că dojenile și poruncile erau zadarnice.

– E atât de tulburat, încât o bătaie n-are să-i fie de nici un folos, i-a spus lui Jimmy. Singurul lucru care ne-a mai rămas de făcut e să-l închidem în pivniță până mâine dimineață.

Dacă Pollyanna ar fi încercat să-și ducă planul la bun sfârșit, poate că s-ar fi înmuiat înainte să ajungă la ușa pivniței și l-ar fi iertat de pedeapsă. Însă Jimmy l-a prins de zgardă și l-a cărat, zbătându-se și scheunând, pe scări în jos. Jiggs protestase din principiu și nici măcar nu se așteptase să fie trimis în exil. Când adevărul a ieșit la iveală, a început să latre sacadat și poruncitor, trădându-și indignarea.

Inima Pollyannei s-a topit pe loc.

– Sărmanul de el! Se necăjește cumplit atunci când îl lăsăm de o parte.

– Prostii, Pollyanna. Trebuie să-l învățăm să nu mai fie o pacoste. Ce straniu: ești îndeajuns de severă cu micuții, însă, când vine vorba despre Jiggs, uiți cu totul de disciplină.

– Dar... dar nu vreau să-i trezească pe copii.

– Nu te teme. Dorm de poți să tai lemne pe ei.

– Să nu trezească vecinii.

– Dacă noi izbutim să-l răbdăm, ar trebui să poată și ei. Ascultă, Pollyanna: știi foarte bine că nu-ți faci griji pentru copii sau pentru vecini. Nu te neliniștești decât pentru lighioana aceea răsfățată din pivniță. Dar n-o s-o țină așa toată noaptea. O să priceapă cât de curând că nici nu ne gândim să-l băgăm în seamă, iar apoi o să se dea bătut și o să se culce.

Însă Jimmy nu știa că îndărătnicia lui Jiggs nu avea margini. Ce-i drept, nu lătra neîncetat. Se mai oprea când și când, apoi, după zece sau cincisprezece minute, izbucnea iarăși. Ba chiar odată, în timpul nopții, Jimmy s-a trezit dintr-un somn adânc și l-a auzit pe Jiggs lătrând cu atâta înverșunare de parcă ușa pivniței tocmai se închisese în urma lui.

– Nemaivăzută stăruință, nu-i așa? i-a spus Jimmy Pollyannei, însă nu a primit alt răspuns decât murmurul răsuflării ei regulate.

Jimmy a chicotit cu poftă.

La cel mai mic zgomot venind dinspre leagănul bebelușului, Pollyanna se ridica de îndată în capul oaselor, însă dormea netulburată de vacarmul care i-ar fi trezit până și pe aceia pe care, după cum amintise Jimmy mai devreme, ai fi putut tăia lemne. Și, de parcă i-ar fi fost chiar lui strămoși, Jimmy s-a întors pe cealaltă parte și a adormit de îndată.

Copiii au năvălit în dormitorul părinților înainte să se crape de ziuă, strigându-le „Crăciun fericit". Bebelușul s-a trezit și a gângurit fericit. Pollyanna a deschis cu greu ochii.

– Urcați-vă repede în pat, copii, până nu vi se face frig.

– Putem merge jos, mamă, ca să vedem ce avem în ciorapi? a rugat-o Cel Mic.

– După micul dejun, a răspuns Pollyanna cu hotărâre. Și numai dacă mâncați tot din farfurie.

– Putem trage cu ochiul, măcar?

– Păi, dacă vă îmbrăcați înainte ca Nancy să fie gata, puteți trage cu ochiul, dar fără să atingeți ceva.

– Mi se pare că vă așteptați la prea multe, i-a necăjit Jimmy. Dacă n-ați fost jos, de unde știți că a venit Moș Crăciun?

– L-am văzut eu, a răspuns Judy pe neașteptate.

– Ba nu l-ai văzut, a corectat-o Cel Mic, simțindu-se îndreptățit de cunoștințele lui mult mai bogate. Dacă ai văzut pe cineva, atunci a fost tăticul, nu-i așa, mamă?

– Ba n-a fost tăticul.

– Avea barbă albă și haine tivite cu blană?

– N-nu, a recunoscut Judy fără tragere de inimă.

– Atunci de unde știi că a fost Moș Crăciun?

– Pentru că așa a zis el.

Jimmy și Pollyanna au schimbat un zâmbet pe deasupra capetelor copiilor. Sinceritatea din glasul lui Judy dovedea că nu născocise o întâlnire cu sfântul protector al zilei, ci avusese un vis neobișnuit de intens.

Când a adăugat:

– Mi-a zis să mă întorc în pat și să rămân nemișcată; până și Cel Mic părea oarecum fâstâcit.

– Nu putea să-ți spună să te întorci în pat, pentru că... pentru că... nu-i așa, mamă?

– Să lăsăm asta. O aud pe Nancy jos, așa că a venit vremea să ne sculăm. Haideți să vedem cine se îmbracă primul.

Jimmy a descoperit că în casă era mai frig decât de obicei și s-a îmbrăcat în grabă, ca să vadă de ce soba nu-și făcea datoria. Nancy a ghicit pricina pentru care coborâse atât de devreme și s-a grăbit să-i înlăture temerile.

– Știu că e frig în casă, domnule Jimmy, dar se încălzește repede. Crăciunul acesta a fost prea mult pentru mine. Am deschis fereastra de la bucătărie ca să iasă mirosul de mâncare și am uitat de ea cu totul, fără doar și poate. Mi-a pierit piuitul când am văzut, de dimineață.

Jimmy a fluierat.

– A rămas deschisă toată noaptea! Știi, Nancy, dacă ar fi fost la fel de frig ca în anii trecuți de Crăciun, am fi fost nevoiți acum să ne ocupăm de niște țevi înghețate.

– Știu, domnule Jimmy. Mi-e rușine de nu mai pot. N-am mai făcut o asemenea boacănă în viața mea, niciodată, niciodată!

Când întreaga familie a coborât la micul dejun, Judy s-a uitat nerăbdătoare prin toate colțurile sufrageriei.

– Unde-s ciorapii?

– Pe șemineu, unde altundeva, a lămurit-o Cel Mic.

– Dar Moș Crăciun a fost chiar aici.

– Ce prostie! Cum să fi fost aici? a protestat Cel Mic. Mamă, nu-i așa că Judy nu l-a văzut pe Moș Crăciun?

– Bea-ți sucul de portocale, James cel Mic, și n-o mai necăji pe Judy. Nu, Jiggs. N-ai voie să mănânci în sufragerie. Mai dă-i puțină frișcă lui Judy, te rog, Jimmy. Da, dragă, mama vine îndată.

La sfârșit, Pollyanna îi vorbise bebelușului, care bătea nerăbdător cu lingura în scaun. Jimmy s-a întrebat, ca de fiecare dată, cum izbutea să mănânce mai mult de o îmbucătură laolaltă cu ei.

Dar, în cele din urmă, micul dejun s-a terminat și s-au lăsat furați de adevăratele bucurii ale zilei: ciorapii plini și maldărul de cadouri. Nancy a abandonat farfuriile murdare și s-a alăturat petrecerii. Jiggs se afla și el de față, fără să fi păstrat vreo urmă de ranchiună pentru pedeapsa din seara trecută. Sin pusese stăpânire pe cel mai confortabil scaun și torcea fără încetare. La fereastra însorită, Bucle de Aur interpreta un potpuriu de colinde, demn de mai multă luare-aminte decât stăpânii îi puteau oferi. Nancy nu avea ochi decât pentru brad. Și, văzându-i șiragurile de lumini colorate, lacrimile au început să-i curgă pe obraji, căci își amintea, poate, de vechea ei casă din Vermont.

– Vai de mine, domnișoară Pollyanna, nu se găsește nimic mai frumos pe lumea asta, nimic, nimic!

Pe lângă ciorapii burdușiți și prisosul de daruri care îi aștepta pe scaune, se înălța un turn semeț de lăzi și pachete aduse de curieri și, cu timpul, Pollyanna a declarat că se rușina să mai deschidă vreunul.

– E copleșitor, cum și-au amintit de noi toți prietenii. Nu merităm să primim atâtea cadouri.

Jimmy, înarmat cu daltă și ciocan, se pregătea să deschidă lada cea mare din lemn care sosise din partea lui John Pendleton și a soției lui, dar, când a auzit-o pe Pollyanna vorbind, s-a îndreptat de spate și a privit-o întrebător.

– Dacă vrei, o trimit înapoi de unde a venit și-i cer unchiului John s-o dea cuiva mai vrednic.

– Nu mă mai tachina, Jimmy, și scoate capacul. Firește că mă bucur peste măsură, dar nu merităm o asemenea bogăție.

Inez a sosit înainte ca Jimmy să deschidă lada, iar copiii au primit-o cu un entuziasm neîmpărtășit de cei mai în vârstă.

– *Tu* ce ai primit de Crăciun? a întrebat Cel Mic, după ce i-a pus sub ochi câteva dintre bunurile lui cele mai de preț.

– Încă n-am deschis cadourile. Mama a spus că nu vrea să se trezească devreme. E grozav de obosită.

– Îmi închipui că magazinele de suveniruri sunt pline de mușterii în preajma Crăciunului, i-a spus Pollyanna lui Jimmy cu jumătate de glas, iar el a răspuns, smulgând cu năduf un cui:

– Și eu.

Deschiseseră și admiraseră fiecare cadou în parte și urcaseră toate jucăriile în camera copiilor, când doamna McGill le-a bătut la ușă.

– Nu intru. Am venit doar să vă urez Crăciun fericit și să las fleacurile acestea pentru copii.

– Firește că intri. Cum să rămâi în prag, fără să ne vezi bradul? Vrei să mergi în camera copiilor ca să le dai cadourile cu mâna ta? Dar îmi pare rău că te-ai ostenit să le cumperi. Li se învârt capetele de la toate lucrurile pe care le-au primit până acum.

– Am făcut-o mai mult pentru mine, a râs doamna McGill. Știi, Crăciunul nu-i cine știe ce fără copii și, cum eu n-am nici unul, m-am folosit de ai tăi. Ah, ce zarvă! Par să petreacă de minune.

Jimmy îl ajuta pe Cel Mic să întindă șinele pe care o locomotivă în miniatură avea în curând să alerge, dar amândoi s-au oprit ca să o întâmpine pe doamna McGill. Și, când Nancy a chemat-o pe Pollyanna în bucătărie ca să se sfătuiască în privința cinei, a lăsat-o pe doamna McGill șezând pe podea și ajutând-o pe Judy să-și îmbrace păpușile.

Sosirea unui poștaș încărcat cu poveri a împiedicat-o să se înapoieze pe cât de repede și-ar fi dorit, iar doamna McGill și Jimmy au coborât scările când Pollyanna încă mai deschidea ilustrate de Crăciun.

– Ah, doar nu pleci! a strigat Pollyanna. Dacă faci una ca asta am să mă simt îngrozitor de necuviincioasă. Dar sunt mereu atât de nerăbdătoare să-mi văd ilustratele de Crăciun, încât n-am putut să mă împotrivesc ispitei.

– Firește că nu pleacă, a spus Jimmy, vorbind în numele doamnei McGill. A coborât să vadă bradul.

– Da, e atât de frumos!

Pollyanna a sărit în picioare cu vioiciune și și-a așezat corespondența pe masă. Apoi s-a uitat în colțul celălalt al încăperii, cu ochii ieșindu-i din orbite.

– Vai de mine, a strigat ea, unde-i serviciul de ceai?

Ceilalți s-au întors să vadă. Atât doamna McGill, cât și Jimmy știau foarte bine că serviciul de ceai ședea de obicei pe bufet, niște piese frumoase în stil colonial, vechi și cu nasurile pe sus, ca și cum și-ar fi disprețuit împrejurimile moderne. Serviciul era o adevărată moștenire de familie, iar Pollyanna protestase din răsputeri atunci când mătușa Polly i-l încredințase.

– Dar ți se potrivește ție, mătușă Polly, și casei tale mari și vechi din Beldingsville. În căsuța mea are să arate nelalocul lui.

Dar mătușa Polly nu s-a sinchisit de împotrivirile ei și, ca întotdeauna, a făcut cum a vrut.

– Poate l-a luat Nancy în bucătărie, ca să-l lustruiască pentru Crăciun, a spus doamna McGill, în timp ce Pollyanna se uita înspre bufet cu privirea pierdută.

– Nu, l-a lustruit ieri. Vai, Nancy!

Auzind-o pe Nancy intrând, Pollyanna s-a întors repede către ea.

– Unde ai pus serviciul de ceai?

Nu a fost nevoie de cuvinte. Ca și Pollyanna, Nancy s-a uitat la locul gol de pe bufet și și-a pus mâinile în cap. Groaza de pe chipul ei dovedea că nu știa unde se putea afla argintăria. Mormăind ceva printre dinți, Jimmy a ieșit în goană din încăpere. Când s-a întors de pe veranda din spate, a găsit-o pe Nancy în lacrimi.

– Vai, eu-s de vină, domnișoară Pollyanna. Dacă mă azvârli în stradă, n-am să-ți port pică, deloc, deloc.

Jimmy i-a pus mâna pe braț.

– Ușurel, Nancy. Nu ai nimic pe conștiință. Nu tu ai lăsat fereastra deschisă noaptea trecută. A fost forțată din afară. Urmele sunt grăitoare. Apoi a tresărit și și-a întors privirile către Jiggs, care se uita în sus la el cu nefirească înțelepciune.

– Pe legea mea, a strigat el, din pricina asta a lătrat Jiggs!

– A lătrat Jiggs în timpul nopții? a icnit Pollyanna.

– Și încă cum! Mi-am închipuit că voia să ne pedepsească pentru că nu i-am dat voie să ne ajute când am umplut ciorapii. În schimb, pacostea mică încerca să ne spună că se întâmplă ceva rău.

Pollyanna a tresărit puternic.

– Jimmy, a spus ea cu voce gâtuită, oare e cu putință... doar nu crezi... știi ce a spus Judy.

– Dumnezeule! a strigat tatăl lui Judy. Ai pus degetul pe rană. Din pricina asta se aștepta să găsească darurile în sufragerie.

– Ce se întâmplă? a întrebat doamna McGill, privind nedumerită de la unul la altul. Despre ce vorbiți?

Jimmy i-a lămurit întâmplarea; și, când a ajuns la capăt, Pollyanna a început:

– Mă bucur atât de mult...

Nu a izbutit să ajungă prea departe, căci doamna McGill s-a răsucit către ea și a prins-o de umeri.

– Ascultă aici, femeie nemaipomenită! Înainte să mai scoți vreo vorbă, vreau să mă încredințez că nu mă înșală urechile. Serviciul acela minunat din argint, care, ori de câte ori l-am văzut, m-a făcut să încalc a zecea poruncă, a fost furat. Și primul lucru pe care îl ai de spus e: mă bucur. Sau, măcar, așa mi-a părut; dar greșesc, fără doar și poate.

Buzele palide ale Pollyannei s-au arcuit într-un zâmbet.

– Nu vezi, a spus ea, că e un prilej de mare bucurie? Închipuie-ți că Jimmy ar fi coborât când l-a auzit pe Jiggs lătrând și l-ar fi găsit aici pe omul acela. Ar fi putut sfârși grav rănit.

– Poate că așa este, a consimțit doamna McGill.

– Și Judy! Micuța mea scumpă! Nu cred că i-ar fi făcut vreun rău, dar ar fi putut trage o spaimă de care ar fi scăpat de abia după niște ani buni. Mă bucur atât de mult că i-a trecut prin minte să-i spună că e Moș Crăciun și că trebuie să se întoarcă în pat fără zgomot... Credeam, înainte, că sunt fericită peste măsură, a spus Pollyanna, începând să prindă iarăși culoare în obraji, dar acea bucurie nu înseamnă nimic pe lângă ceea ce simt acum.

Doamna McGill a oftat și a clătinat din cap, dând de înțeles că nu pricepea o iotă, iar Jimmy a adăugat:

– Se pare că nu le-ai încredințat vecinilor secretul Jocului, draga mea.

– Ei, acum, Jimmy!

– Despre ce joc vorbești? a întrebat doamna McGill, ciulindu-și urechile de îndată. Dacă mă ajută să-ți înțeleg soția, domnule Pendleton, vreau să aflu tot, căci ori de câte ori ne întâlnim, mă așteaptă o nouă surpriză.

Și astfel, încetul cu încetul, Pollyanna și-a depănat povestea, cu Jimmy îmboldind-o adesea, iar întrebările doamnei McGill au scos încă și mai mult la lumină. Când a ieșit în aerul dimineții, cerându-și iertare că zăbovise atât, doamna McGill nu se gândea la bradul de Crăciun și nici măcar la râsetele copiilor, ci la cârjele mici din butoiașul misionar și la Jocul care îi făurise Pollyannei întreaga ființă.

CAPITOLUL X

Mătușa Polly

Mătușa Polly a sosit curând după Anul Nou. Timp de zile întregi, Pollyanna radiase atâta fericire încât îi trezise curiozitatea doamnei McGill.

– Te bucuri că ai să-ți reîntâlnești mătușa? Sau joci Jocul acela minunat?

Pollyanna a râs.

– Nu am nevoie să mă joc acum, a răspuns ea. E îndeajuns să știu că vine mătușa Polly.

– Va fi o vizită lungă?

Pollyanna a șovăit.

– Poate va fi mai mult decât o vizită. Cred că, mai degrabă, mătușa Polly are să rămână cu noi.

– Ah!

Sunetul nu cerea un răspuns, dar Pollyanna părea să nu fi băgat de seamă.

– Știi, am sosit în casa ei când aveam unsprezece ani. Mi-a fost ca o mamă. După nuntă, am locuit într-un apartament micuț din New York și, firește, mătușa Polly nu ar fi fost fericită acolo. Dar acum putem să-i oferim o viață tihnită și, cum îmbătrânește pe zi ce trece, nu mi se mai pare potrivit să trăiască singură, atât de departe. Și, firește, a zâmbit Pollyanna, se va bucura atât de mult de copii...

– Îmi închipui că-i plac copiii.

Întrebarea a luat-o pe Pollyanna prin surprindere. A tresărit, de parcă se confrunta cu un gând care nu-i mai trecuse până atunci prin minte.

– Păi – nu pot spune că mătușa Polly iubește copiii. Dar pe ai mei, desigur...

– Ah, desigur! s-a grăbit doamna McGill să o liniștească. Are să țină la copiii tăi, oricum. Și are să-ți fie de mare ajutor.

Pollyanna nu a găsit nimic de spus despre asta.

– Mătușa Polly tocmai a vândut ferma cea veche din Vermont. Un prieten al domnului Pendleton – tatăl adoptiv al soțului meu, știi – vrea să-și construiască acolo reședința de vară și i-a plătit un preț foarte bun. N-a mai fost de mult timp atât de înstărită.

Mătușa Polly a sosit câteva zile mai târziu. Avea spatele tot atât de drept ca în ziua când Pollyanna o văzuse întâia oară, iar în părul ei negru de abia se vedeau câteva fire cărunte; însă ajunsese la anii când cei mai mulți oameni se obișnuiesc greu cu schimbările. Și, la drept vorbind, mătușa Polly nu dăduse niciodată dovadă de prea multă îngăduință.

Cum era înzestrată cu o voință de oțel și își petrecuse mulți ani în fruntea propriei gospodării, i-a fost greu să înțeleagă că în casa Pollyannei nu mai era căpitanul vaporului, ci un simplu pasager. Ba chiar, oricâtă dragoste i-ar fi purtat nepoatei sale, tindea să o vadă drept un copil nepriceput, având nevoie de tot atâta îndrumare ca Judy și Cel Mic.

Mătușa Polly sosise într-o sâmbătă, înainte de prânz și, când au coborât în sufragerie, Jiggs, care cunoștea ora mesei la fel de bine ca oricare dintre ei, a luat-o la goană înainte. Și-a ocupat locul de lângă scaunul Pollyannei. Mătușa Polly, venind în pas ușor, a dat cu ochii de el și a proclamat pe dată un ultimatum.

– Ah, nu se poate una ca asta. Câinii nu-și au locul în sufragerie.

– Jiggs vine mereu la masă dacă nu avem musafiri, a ripostat Cel Mic, părând, și el, să-i adreseze un ultimatum.

– Știi, nu-l hrănim, mătușa Polly, a explicat Pollyanna în grabă. Stă doar cuminte și se uită la noi. Crede-mă că așa e.

– Draga mea Pollyanna, câinii nu au ce să caute în sufragerie, mai ales la ora mesei. Doar nu ai nevoie să te lămuresc de ce.

Mătușa Polly s-a dus la ușa din față, a scos un fluierat care i-a stârnit disprețul Celui Mic și, când Jiggs nu i-a băgat în seamă chemarea, s-a folosit de cuvinte:

– Treci afară, domnișorule! N-avem nevoie de tine aici.

Jiggs aștepta nemișcat, ca însăși întruchiparea bunei-cuviințe, uitându-se cu coada ochiului la mătușa Polly. Cu inima grea, Pollyanna a încercat să-i întărească autoritatea.

– Mă tem că nu înțelege, a spus ea tristă. Haide, Jiggs.

Însă Jiggs înțelegea cum nu se putea mai bine. Urmându-și stăpâna către ușă, i-a aruncat mătușii Polly o privire rău-voitoare. Își făcuse deja un dușman în gospodărie.

– Pare un câine țâfnos, a spus mătușa Polly, închizând ușa. Să stai cu ochii pe el, Pollyanna, și, dacă dă semne de răutate, să scapi de el de îndată.

Cel Mic era cufundat într-o conversație cu Inez Richards și nu i-a auzit vorbele, iar Pollyanna a rămas recunoscătoare.

Cum era sâmbătă, Inez sosise curând după micul dejun și, ca de obicei, fusese poftită la prânz. Când s-au așezat, mătușa Polly a scrutat-o din cap până-n picioare.

– Pollyanna, cine-i fetița asta?

– E fetița unei vecine, mătușă Polly. O cheamă Inez Richards.

– Mama lucrează, a ciripit Inez, atacându-și mâncarea cu poftă.

– Hm! a cugetat mătușa Polly.

Apoi, vorbindu-i nepoatei:

– Sper că nu o lași să profite de bunăvoința ta, Pollyanna.

Era limpede că mătușa Polly nu-și făcuse o impresie bună.

Pollyanna s-a înroșit toată. Firește că profita de bunăvoința ei, dar nu putea vorbi despre asta în fața lui Inez.

Din fericire, Jiggs a creat o diversiune. Cum fusese dat afară pe ușa din față, s-a înfățișat la cea din spate și a lătrat de câteva ori ascuțit și poruncitor, iar până și cei mai înceți la minte ar fi înțeles că spunea: „Aici sunt. Grăbiți-vă să deschideți." Nancy, necunoscând noua poruncă, i-a răspuns neîntârziat chemării, ca și cum ar fi fost un oaspete ce bătea la ușă, i-a șters labele și i-a dat iarăși drumul în sufragerie. Când Jiggs a dat buzna înăuntru cu un zâmbet larg, bucuros că o învinsese pe mătușa Polly, copiii l-au întâmpinat cu urale.

Pollyanna a aruncat o privire rugătoare de cealaltă parte a mesei, sperând să vadă un semn de îndurare pe chipul mătușii Polly. Și, citind ceva cu totul diferit, s-a ridicat supusă de pe scaun și a mers în bucătărie.

– Nancy, te rog să-l scoți pe Jiggs din casă și să nu-l mai primești înăuntru până nu terminăm de mâncat.

Știa că era o lașitate să lase răspunderea în mâinile lui Nancy, dar nu avea inima să-l dea încă o dată afară. Urechile lui înălțate triumfător își pierduseră deja obrăznicia, coada îi atârna în semn de mâhnire, iar răspunsul umil al lui Nancy: „Bine, domnișoară Pollyanna", arăta că înțelegea pe deplin.

Zilele care au urmat s-au scurs întocmai ca prima. Mătușa Polly, plină de energie și obișnuită să dea ordine întreaga viață, și-a luat asupra ei îndatorirea de cap al familiei.

– Supa n-a avut destulă sare, a spus ea în timp ce Nancy lua farfuriile de pe masă. Și știi doar că gustul nu-i același când adaugi sare la masă.

Dacă Pollyanna ar fi avut vreo plângere, nici nu i-ar fi trecut prin minte să-i vorbească de față cu alții și, cu toate că a primit dojana fără să scoată o vorbă, Nancy s-a înroșit la față, iar în bucătărie a trântit farfuriile cu mai mult zgomot decât era nevoie.

Mătușa Polly se amesteca până și în treburile familiei. Cum nu avusese niciodată copii, își închipuia, desigur, că se pricepe de minune la creșterea lor. Uneori se plângea că Pollyanna se purta cu prea mare asprime, dar, cel mai adesea, o învinovățea de prea multă îngăduință; și dădea de înțeles că, într-un fel sau altul, Pollyanna nu avea niciodată dreptate. Pollyanna, sărmana de ea, nu s-ar fi sinchisit atât de mult dacă mătușa Polly s-ar fi mărginit la cuvinte. Însă adevăratele necazuri au început când a încercat să-i strunească micuții. Nici măcar Judy nu-i suferea stăpânirea, mai cu seamă când mătușa Polly nu-i îngăduia să facă unele lucruri împotriva cărora Pollyanna nici nu s-ar fi gândit să protesteze. Cât despre Cel Mic, își arăta ranchiuna atât de fățiș, încât mătușa Polly a spus:

– Mă tem că-ţi răsfeţi băiatul, Pollyanna. Trebuie să-l ţii mai bine în frâu.

Cu nelinişte crescândă, Jimmy vedea că familia se schimba în rău. Se bucurase de venirea mătuşii Polly, căci Pollyanna şi-o dorise şi avea de gând să-i ofere tot ce-şi dorea ori de câte ori îi stătea în puteri. Iar acum, pentru prima oară din ziua nunţii, se găsea într-o încurcătură pe care nu i-o putea împărtăşi Pollyannei.

– Am crezut întotdeauna că glumele cu soacre sunt o ruşine pentru orice om cu judecată sănătoasă, i-a spus el lui John Pendleton când prânzeau împreună la club. Dar, în ultima vreme, au început să-mi placă.

Domnul Pendleton a clătinat din cap deasupra farfuriei cu stridii.

– Haide! a protestat el, zâmbind cu bunăvoinţă. Polly Chilton e o femeie cumsecade, cum rar întâlneşti.

– Nu mă îndoiesc. De fapt, din pricina asta sunt gata să trec multe cu vederea. Ştii doar că doamna Chilton mi-a purtat sâmbetele încă de când eram copil. Ţi-am povestit, fireşte, că Pollyanna m-a dus la ea, gândind că mă va lua în grijă, la fel ca pe câinii şi pe pisicile fără stăpân, iar ea m-a numit cerşetor.

– Prostii, Jimmy! Doar nu o mai învinuieşti pentru asta acum, după atâta amar de ani.

– Apoi, când am vrut să mă însor cu Pollyanna, a urmat Jimmy încăpăţânat, a făcut tot ce i-a stat în puteri ca să-mi strice planurile. Pollyanna nu avea nimic împotrivă, dar doamna Chilton a stăruit că nepoata ei nu se poate mărita cu un bărbat care nu-și cunoaște familia. Dar, în cele din urmă, am dres-o și pe asta – după cum îți amintești.

– Cum aș putea să uit? a spus domnul Pendleton, trăgând aer adânc în piept.

Vorbele răspicate ale lui Jimmy îi treziseră multe amintiri. Își stăpânise cu greu indignarea aflând că doamna Chilton credea că un bărbat care nu-și știa numele era, pentru nepoata ei, un pețitor nedorit, oricâte virtuți ar fi avut. Apoi au găsit documentele care dovedeau că Jimmy, și nu Jamie, era nepotul doamnei Carew, cu sângele albastru al familiei Wetherby curgându-i prin vene. Domnul Pendleton și-a întrerupt prânzul și l-a prins pe Jimmy de umăr ușor, ca o mângâiere.

Jimmy s-a uitat nedumerit la el.

– S-a întâmplat ceva, domnule?

– Ah, nimic! Nimic! a mormăit domnul Pendleton și a luat grăbit o îmbucătură, văzând că era pe cale să se trădeze.

Mândria și afecțiunea pe care le încercase cu mulți ani înainte, când Jimmy refuzase să se folosească de minunata descoperire, mai puțin ca să îndepărteze prejudecățile doamnei Chilton, îl cuprinseseră din nou cu atâta tărie, încât fuseseră cât pe ce să iasă la iveală, o slăbiciune de care americanii se păzeau cu îndârjire. Dar, în timp ce-și ataca mâncarea cu o poftă înșelătoare, domnul Pendleton își spunea în sinea lui: „A renunțat la ce i se cuvenea pe drept, ca Jamie să nu afle că el era băiețelul pierdut. Ce om pe cinste!"

– Sunt pregătit, a urmat Jimmy cu stăruință, de parcă ar fi văzut că gândurile domnului Pendleton rătăceau pe alte căi, să dau uitării trecutul, deși socotesc că s-a purtat nedrept. Dar să fiu al naibii dacă o pot ierta pentru ceea ce face acum.

– Dar *ce* face acum?

– Ne învrăjbește pe toți, a strigat Jimmy din adâncul inimii lui rănite. Nici măcar Jiggs nu o suferă și, ori de câte ori o vede în prag, se ridică și se mută cât mai departe de ea. Cel Mic a devenit posac, iar Judy obraznică din pricina ei. Până și Pollyanna își pierde cumpătul.

– Haide, a spus din nou domnul Pendleton. Exagerezi.

Părea atât de încrezător că nimic pe lume nu-i putea răpi Pollyannei veselia, încât Jimmy a zâmbit, oricât de mare i-ar fi fost supărarea.

– Vreau să spun, l-a lămurit el, că tot ce se întâmplă o scoate din sărite pe Pollyanna. Doamna Chilton se poartă cu ea de parcă ar fi un copil. Și nu au trecut decât trei săptămâni. Cum o să fie dacă rămâne câțiva ani?

Domnul Pendleton nici măcar nu a încercat să-i răspundă la întrebare. S-a mulțumit să-i dea câteva sfaturi bune, să-și țină mânia în frâu, să nu dea prea multă însemnătate fleacurilor și să-și aducă aminte că, la urma urmei, soția lui îi datora multe mătușii Polly. Când prânzul a luat sfârșit, Jimmy s-a întors la muncă ușurat că-și încredințase necazurile unui ascultător plin de înțelegere, în timp ce John Pendleton s-a lăsat cuprins de neliniște. Era mare păcat, i-a spus el soției, că Polly Chilton venise să semene discordie tocmai acum, când tinerii o duceau atât de bine.

Apoi, fără de veste, s-a întâmplat ceva ce Jimmy n-ar fi crezut cu putință nici în cele mai negre închipuiri. S-a certat cu Pollyanna. Nu era o simplă neînțelegere, nici o ciocnire de păreri, nici măcar unul dintre acele valuri care tulbură uneori liniștea casnică și care apar până și în cele mai armonioase familii, ci o ceartă în toată puterea cuvântului, cu totul neobișnuită pentru ei.

Jiggs pricinuise fără voie nenorocirea. După cină, când familia a intrat în camera de zi, l-au găsit pe Jiggs șezând pe fotoliul preferat al mătușii Polly. Mătușa Polly s-a apropiat hotărâtă de el, iar Jiggs, deschizând un ochi, s-a uitat la ea ca un pitic din poveste.

– Dă-te jos, domnișorule, i-a spus ea cu asprime.

Apoi, vorbindu-i Pollyannei:

– Câinele nu trebuie lăsat să se urce pe mobila tapisată. Are să o distrugă.

Pollyanna nu i-a răspuns, iar Jiggs nu s-a mișcat din loc. S-a uitat doar la mătușa Polly cu singurul ochi aflat la datorie, de parcă aştepta să vadă ce avea să facă mai departe.

– Eşti un câine foarte necuviincios, a declarat mătuşa Polly şi l-a luat de zgardă, vrând să-l dea jos cu de-a sila de pe fotoliul râvnit.

Dar, când l-a atins, Jiggs s-a schimbat ca prin farmec. Părul de pe grumaz s-a zbârlit sub degetele ei. A scos un mârâit gutural, de avertisment. Mătuşa Polly a făcut îngrozită un pas înapoi.

– Mârâie. Am spus de la bun început că potaia asta-i ţâfnoasă. Iar acum e de-a dreptul primejdios.

Jimmy s-a ridicat, l-a smuls pe Jiggs de pe fotoliu şi i-a dat o bătaie zdravănă, pe care Jiggs, cu toată vârsta lui fragedă, a îndurat-o fără să crâcnească. Apoi l-a cărat până la uşa pivniţei şi a închis-o în urma lui cu o hotărâre care i-a dat de înţeles că avea să rămână în surghiun pentru tot restul nopţii.

Cel Mic a înţeles şi el. Trăgând aer în piept, s-a uitat crunt la mătuşa Polly.

– A făcut asta din pricina ta, a izbucnit el. Îi cauţi tot timpul harţă.

– James cel Mic! a strigat mama lui, înspăimântată.

– Dar e adevărat, mamă. Nu-i dă deloc pace. E numai vina ei.

– James cel Mic, fie îi ceri iertare mătuşii Polly, fie mergi sus, în pat.

Cel Mic s-a uitat la mătuşa lui cu un foc sumbru mocnindu-i în priviri.

– Îmi pare rău, a mormăit el.

Apoi, ca și cum mânia ar fi triumfat asupra chibzuinței, a adăugat:

– ...că îl necăjești pe Jiggs așa.

– James cel Mic!

– Îmi pare rău, a spus el repede.

Părea că vrusese să se oprească acolo, însă ranchiuna l-a împins din nou de la spate.

– Că ai fost atât de răutăcioasă, încât m-am văzut nevoit să ți-o zic.

– Du-te în pat de îndată, James cel Mic, și, dacă nu-ți ceri iertare de la mătușa Polly cum se cuvine, să nu aștepți ca mama să te sărute de noapte bună.

Cel Mic a urcat scările hohotind din toți rărunchii.

– Dacă ar fi copilul meu, a spus mătușa Polly, așezându-se pe fotoliul eliberat de Jiggs și luând ziarul de seară, nu i-aș îngădui să facă un asemenea vacarm. Pe deasupra, s-ar fi dus oricum la culcare peste o jumătate de ceas.

Seara s-a scurs în tăcere. Jimmy își adusese o carte de inginerie și citea absorbit, fără să scoată un cuvânt. Pollyanna cârpea, ca de obicei, niște haine, dar nu avea nici ea poftă de vorbă. Cel Mic nu arătase nici o mustrare de conștiință pentru mojicia de mai devreme și plânsese până când adormise fără sărutul de noapte bună. Pollyanna știa că Jiggs zăcea pe treapta cea mai de sus, cu nasul lipit de crăpătura de sub ușa pivniței.

Doar mătușa Polly însuflețea când și când seara cu o părere, îmboldită de titlurile din ziar.

– Ne așteptăm la conflicte în țările balcanice, a citit ea. Mă mir că nu s-au nimicit până acum între ele.

Apoi, după câteva clipe:

– Rochiile se scurtează. Dacă aș ține pasul cu moda, mi-aș petrece tot timpul numai lungind și scurtând.

Pollyanna murmura câte ceva drept răspuns, însă niciodată nu-și găsise atât de greu cuvintele.

Mătușa Polly a mers la culcare pe la ora zece, urându-le veselă noapte bună și, de cum a închis ușa în urma ei, Jimmy și-a azvârlit cartea pe masă. Pollyanna a ghicit de îndată că nu citise nici măcar un rând, ci întorsese doar paginile, așteptând-o pe mătușa Polly să plece. Glasul lui i-a întărit bănuiala.

– Pollyanna, a spus el cu severitate, cred că i-ai făcut o mare nedreptate Celui Mic.

– O nedreptate!

Pollyanna a făcut ochii mari. Cumva, chipul lui părea o mască, ascunzându-l privirilor pe adevăratul Jimmy.

– Atunci nu ai auzit ce i-a spus mătușii Polly.

– Ba da, am auzit. Și avea deplină dreptate. Îi caută pricină câinelui și-l strică. Îi caută pricină băiatului și-l strică și pe el.

Dintre toate luptele care se petrec în suflet, nici una nu este mai grea decât lupta între credințe.

Pollyanna, iubindu-și soțul, iubindu-și fiul, iubind-o pe mătușa Polly, își simțea inima frângându-se, dar nu a dat înapoi nici un pas.

– Cel Mic merita o pedeapsă încă și mai aspră, a stăruit ea. A fost îngrozitor de neobrăzat.

– A spus adevărul. Nu-i de mirare că micuții sunt nedumeriți când îi pedepsești pentru minciună, iar apoi îi pedepsești la fel de aspru pentru că spun adevărul.

Pollyanna a rămas uimită la auzul amărăciunii din glasul lui Jimmy. Nici unul dintre ei nu înțelegea că Jimmy nu lupta doar pentru Cel Mic, ci și băiețelul de odinioară, a cărui mândrie suferise sub limba ascuțită a mătușii Polly. Cu toate că vorbele lui o răniseră, Pollyanna a rămas neclintită.

– Cel Mic trebuie să învețe că nu poate fi necuviincios cu cei mai în vârstă, fie că îi plac, fie că nu faptele sau cuvintele lor. Și, mai presus de toate, nu trebuie să fie necuviincios cu mătușa Polly, căreia îi datorez totul.

– Credeam că le datorezi ceva și soțului și copiilor tăi.

– Tot ce îi datorez fiului meu e să fac din el bărbat în toată puterea cuvântului, pe cât îmi stă în puteri. Iar, dacă dau greș, nu va fi vina mea.

Își aruncau unul altuia priviri crunte. Până în acea clipă de restriște izbutiseră, fie printr-un noroc, fie din înțelepciune, să nu se înfurie în același timp. Când Pollyanna tuna și fulgera,

Jimmy îşi păstra calmul şi o făcea repede să râdă. Când Jimmy era îmbufnat, Pollyanna îi alunga supărarea cu vorbe dulci. Însă, acum, îşi pierduseră amândoi capul. Amândoi erau mânioşi, iar mânia duce la nechibzuinţe.

– Poate vrei să spui, a ripostat Jimmy, alb ca varul la faţă, că exemplul meu nefericit te împiedică să faci din fiul tău un bărbat în toată puterea cuvântului.

Dacă Pollyanna ar fi râs, poate că totul s-ar fi sfârşit cu bine; însă, în schimb, i-a aruncat o privire plină de furie şi de dispreţ, care, în acea clipă de sensibilitate nefirească, părea a-i întări vinovăţia. Jimmy a sărit în picioare.

– Nu mai pot îndura! a strigat el.

A deschis şifonierul, şi-a găsit pălăria şi paltonul şi, purtându-l pe cel din urmă pe braţ, a ieşit din casă. Pollyanna a rămas nemişcată. Mândria îi pecetluia buzele. Nu avea să-l cheme înapoi. Numai el era vinovat. El pricinuise întreaga ceartă pentru o pedeapsă care, în mâinile lui, ar fi fost şi mai aspră. Când a auzit uşa trântindu-se, s-a ridicat în picioare, a privit tristă afară, în noapte, şi s-a aşezat la loc, ducându-şi mâna la inimă. Soţul ei plecase mânios de acasă. Lumea părea întoarsă cu susul în jos.

După o vreme, când s-a mai domolit, a văzut limpede adevărul. Atât ea, cât şi Jimmy fuseseră greu încercaţi în luna care trecuse. O iubea pe mătuşa Polly, dar nu putea tăgădui că le îngreunase mult viața. Jimmy spusese că mătușa Polly îl strica pe Jiggs și îl strica pe Cel Mic. Nu-i plăcuseră vorbele lui, dar recunoștea acum că avusese dreptate. Greșiseră, căci problema îi privea pe amândoi și ar fi trebuit să-și unească forțele ca să o înlăture.

Pollyanna a luat acul și s-a apucat iarăși de cârpit. Avea să-i aștepte întoarcerea și să-și ceară iertare înainte ca el să scoată măcar o vorbă. Valuri de tandrețe și de căință izgoniseră orice urmă de mândrie. Nu mai avea nici o însemnătate că Jimmy purtase și el o parte din vină. Dragostea nu ține catastif și nici nu face bilanțul la fiecare douăzeci și patru de ore.

La ora unsprezece, Pollyanna și-a lăsat lucrul deoparte. Jimmy avea să se întoarcă în curând. Și-a ciulit urechile, dar auzul o înșela, făurind sunet de pași când nimeni nu se afla în preajmă. Uneori se apropia câte un trecător și, de fiecare dată, Pollyanna sărea în picioare și alerga la ușă ca să-i deschidă lui Jimmy. Însă, de fiecare dată, pașii mergeau mai departe, iar Pollyanna rămânea privind în noapte, albă la față și cu ochi triști.

La ora doisprezece a luat o carte și a încercat să citească, luptând împotriva grijilor care o copleșeau. Trebuia să gândească limpede și să-și păstreze sângele rece, ca să nu se îmbolnăvească a doua zi. Firește că Jimmy avea să se întoarcă neîntârziat. Însă, dacă nu se mai întoarce? Când groaza a dat naștere acelei întrebări, inima Pollyannei s-a oprit în loc, apoi a pornit din nou, dintr-un salt. Cum avea să trăiască fără el?

Puțin după ora unu, s-au auzit pași pe alee, dar Pollyanna nu a mai alergat să deschidă ușa. A rămas nemișcată și nu s-a clintit din loc nici măcar când Jimmy s-a aplecat deasupra ei. Privindu-i chipul lipsit de culoare, Jimmy a înțeles ce se petrecuse.

– Pollyanna!

A căzut în genunchi și a cuprins-o în brațe.

– Sunt un nemernic, dar nu în felul în care crezi. Nu am rămas îmbufnat întreaga seară. Am să-ți povestesc ce s-a întâmplat.

Pollyanna și-a lăsat capul pe umărul lui cu un suspin adânc și tremurător, iar el și-a întărit strânsoarea, grăbindu-se să-și spună povestea.

– S-a petrecut un accident de automobil în partea de nord a orașului. Am dat peste el la o jumătate de oră după ce am plecat de acasă. Mașina era răsturnată și i-am ajutat pe ceilalți să scoată sărmanul om afară. Apoi m-a rugat să-i caut soția și să o aduc la spital. Mă tem că e rănit destul de grav. Draga mea, asemenea întâmplări te învață să nu mai faci din țânțar armăsar.

Cum Pollyanna zăcea fără vlagă în brațele lui, nu putea ști dacă îl auzise. A explicat, cu umilință:

– Am încercat să-ți telefonez. Speram să fii în pat, dormind.

Pollyanna i-a răspuns cu un râset sfios.

– În pat, dormind!

Și, de parcă ar fi înțeles în cele din urmă, Jimmy a strâns-o la piept.

– Iartă-mă, draga mea. Nu merit, dar iartă-mă, oricum.

– Păi, mă b-bucur că s-a întâmplat, a suspinat Pollyanna, după câteva clipe. Pentru că-i atât de groaznic, încât nu trebuie să se întâmple din nou.

Jimmy i-a dat dreptate, însă nu pe de-a-ntregul. Era la fel de hotărât ca și ea că un asemenea lucru nu trebuia să se mai întâmple, însă nu se putea bucura că se întâmplase măcar o dată. Știa, în adâncul inimii, că nu se va putea ierta pentru ceea ce îndurase Pollyanna în acele ore de așteptare. Și se temea că, oricât de mult s-ar strădui, nu o va ierta niciodată pe mătușa Polly.

CAPITOLUL XI

Lămuriri

Atmosfera oarecum încordată din casa familiei Pendleton s-a mai înseninat când mătușa Polly și-a descoperit o fostă colegă de școală în persoana unei văduve înstărite, care locuia în Boston. Și-au reînnodat prietenia, spre mulțumirea Pollyannei și a familiei ei, a mătușii Polly însăși și, cu nimic mai puțin, a văduvei cu pricina, Matilda Aldrich.

Doamna Aldrich era o femeie blândă, care se aflase întreaga viață sub papucul cuiva. Mama ei avusese o voință puternică și o dominase în toate privințele, împiedicând-o să capete o personalitate independentă. Îi spunea când să-și pună galoșii, când să meargă la culcare și când să treacă la garderoba de iarnă. Și când, în cele din urmă, s-a ivit un pețitor destul de bun în ochii ei, i-a spus Matildei că a venit vremea să se mărite. Matilda s-a supus, îndatoritoare, la fel cum mergea la culcare înainte să termine de citit un capitol, dacă mama ei i-o cerea.

Regretatul domn Aldrich a continuat procesul de dominare pe care mama ei îl inaugurase cu atâta succes. Îi spunea soției cum să se îmbrace, îi alegea prietenii și cărțile și o instruia în privința părerilor pe care găsea potrivit să le aibă. Iar, când a murit, cu doi ani înainte să-și reînnoade prietenia cu doamna Chilton, Matilda s-a simțit ca o umbră fără trup. Fusese condusă cu o mână de fier atât amar de vreme, încât îi lipsea mai presus de cuvinte. Ca o pasăre deprinsă într-atât cu gratiile încât își folosește libertatea numai ca să-și găsească altă colivie, femeia nehotărâtă și înfricoșată se codea să ia hotărâri și tânjea după un stăpân.

Încă de la prima întâlnire, cele două prietene au devenit de nedespărțit. Fiecare poseda calitatea necesară fericirii celeilalte. Supunerea Matildei o ungea pe mătușa Polly pe suflet, iar instinctele despotice ale mătușii Polly păreau o mană cerească pentru sărmana, nedumerita Matilda. Nu se mai sătura de tovărășia ei. Când mătușa Polly mergea în oraș ca să prânzească în apartamentul minunat mobilat al doamnei Aldrich, telefona fără greș să le dea de veste că Matilda avea bilete la operă și că o convinsese să rămână peste noapte. Și, de fiecare dată, Pollyanna simțea, deși cu părere de rău, o mare ușurare, de parcă i s-ar fi luat o greutate de pe umeri.

Cu un astfel de prilej, Pollyanna a hotărât că venise vremea să-i întoarcă vizita doamnei Richards. Șovăia din ce în ce mai mult să plece seara împreună cu Jimmy, lăsându-i pe copii în grija mătușii Polly; căci încercase de câteva ori și, de fiecare dată, la întoarcere o așteptase câte o nenorocire groaznică. Cel Mic și Judy își îngăduiseră o bătaie cu perne și sparseseră o vază sau bebelușul avusese colici sau Jiggs rosese ceva. În timpul cinei, i-a vorbit despre planul ei lui Jimmy și, cu toate că Jimmy nu se bucura la gândul unei vizite de curtoazie mai mult decât oricare alt bărbat, se simțea și el lipsit de griji și gata să consimtă la orice propunere. Nancy a promis, zâmbind, să stea cu ochii pe copii, spunând că erau blânzi ca niște mielușei și nu o supărau nicicum. Cel Mic și Judy, cu toate că le părea rău să-i vadă plecând, au făgăduit să fie cuminți, cu niște chipuri atât de angelice încât Pollyannei nu i-a venit să-și creadă ochilor.

Însă nici un părinte în carne și oase nu va nutri mult timp asemenea păreri. În acea seară, Cel Mic s-a oprit în mijlocul rugăciunii ca să spună:

– Mamă, n-am să-L rog pe Dumnezeu s-o binecuvânteze pe mătușa Polly.

– James cel Mic!

Băiatul s-a foit stânjenit la auzul groazei nemăsurate din glasul mamei lui.

– Ascultă, mamă, a protestat el. Știi, Dumnezeu poate s-o binecuvânteze pe mătușa Polly, dacă așa vrea El, dar nu ca să-mi facă mie pe plac.

Cu mult după ora opt, Jimmy și Pollyanna au ajuns la casa încântătoare a familiei Richards, iar domnul Richards însuși le-a deschis ușa, în locul teribilei Mary. Înainte ca Pollyanna să se poată prezenta, Inez a țâșnit pe coridor și s-a azvârlit asupra musafirilor, cât pe ce să-i dărâme.

– Bună seara, doamnă Pendleton! a strigat ea. Bună seara, domnule Pendleton! Ați venit să mă vedeți? De ce nu i-ați adus pe Cel Mic și pe Judy?

Pollyanna a râs, în parte de bucuria lui Inez, în parte de consternarea care apăruse pe chipul tatălui ei la vederea unei asemenea prietenii strânse.

– Cel Mic și Judy sunt în pat, dragă, a lămurit-o ea. Iar bebelușul doarme deja de două ore. Am venit să-i vedem pe părinții tăi, de fapt.

A trecut mai bine de jumătate de oră înainte ca doamna Richards să li se alăture, cu toate că Inez s-a grăbit să urce scările, strigând:

– Mamă, a venit doamna Pendleton și domnul Pendleton, cu ea!

Când doamna Richards a murmurat o scuză, Pollyanna i-a văzut osteneala și a spus, spășită:

– Poate ar fi trebuit să te întreb dacă nu cumva ești prea obosită să ne primești. Știu că unele zile pot fi atât de grele încât, la capătul lor, de abia mai poți sta în picioare.

– Mă bucur foarte mult să vă întâlnesc, a răspuns doamna Richards cu o voce atât de lipsită de vlagă, încât aproape că-i tăgăduia spusele. Dar am avut, într-adevăr, o zi grea. Când am ajuns acasă, crezând că Mary termină de pregătit cina, am găsit în locul ei un bilet înștiințându-mă că i-a murit o mătușă. Și-a luat joia liberă, ca de obicei, iar acum încă o zi, pe deasupra.

Pollyanna nu i-a dat nici un răspuns, întrebându-se, însă, dacă nu cumva se aștepta la compătimire pentru lipsa de respect a celor din clasa de jos, care nu binevoiau să moară numai în zilele de joi.

– M-am întors la ora cinci și jumătate, a urmat doamna Richards cu același glas rănit, și am fost nevoită să pregătesc cina, așadar nu-i de mirare că mă simt sleită de puteri.

Pollyanna și-a spus că, dacă pe doamna Richards o istovea să pregătească cina pentru trei, fie alesese mâncăruri mult prea anevoios de făcut, fie fusese deja pe cale să se prăbușească atunci când începuse.

– Poate ai avut o zi grea în oraș? a întrebat ea, cu înțelegere.

– Da, a oftat doamna Richards, foarte grea.

– Dar, la urma urmei, poți să te bucuri pentru asta, nu-i așa? Înseamnă că afacerile merg bine.

Doamna Richards a aruncat o ocheadă înspre soțul ei și, văzându-l absorbit într-o discuție cu Jimmy, i-a răspuns cu jumătate de glas:

– Nu am avut cine știe ce vânzări de la Crăciun, dar e cumplit de greu să ținem socotelile. Mă tem că va trebui să angajăm o contabilă. Credeam că ne vom putea descurca singure, ca să mai scăpăm de niște cheltuieli.

– Poate va deveni mai ușor cu timpul, a îmbărbătat-o Pollyanna. Și mie mi-a fost foarte greu la început să țin socotelile gospodăriei.

– În ultimele două sau trei zile am petrecut ore în șir în fața registrului, a urmat doamna Richards, încercând să nimeresc bilanțul. Apoi am venit acasă cu o durere de cap și m-am văzut nevoită să pregătesc cina. Vai de mine!

Și, dintr-odată, vocea i-a devenit stridentă și pătrunzătoare:

– Nu văd altă salvare decât să scăpăm de casa asta și să trăim în pensiune.

Era limpede pentru Pollyanna că acum își dorea ca soțul ei să o audă. Iar domnul Richards, orice ar fi spus în acea clipă, s-a oprit de îndată și a ridicat mănușa.

– Știți, a vorbit el către Pollyanna, soția mea nu a locuit niciodată în pensiune. Însă eu, da, și știu cum este.

– Nu-i greu să înțelegi părerea bărbatului, a comentat doamna Richards mușcător. Nu se gândește decât la confortul său. Nici nu-i trece prin cap că are o soție care plătește pentru belșugul de care se bucură.

– Nu caut să trăiesc în belșug, a protestat domnul Richards. Sunt un bărbat cu gusturi simple. Dar refuz să mă zăvorăsc într-una sau două camere de pensiune.

– Nu crezi, a început Pollyanna, vorbindu-i doamnei Richards cu un glas împăciuitor, că pensiunea nu e un loc tocmai potrivit pentru copii? Se găsesc atât de mulți oameni prin preajmă, încât ești nevoit să-i ții în frâu mai tot timpul și trebuie să fie cumplit de greu să-i educi cum se cuvine.

Era atât de limpede că asemenea dispute apăreau deseori în familia Richards, încât Pollyanna simțea, stânjenită, că era pe cale să ia partea cuiva și a răsuflat ușurată când doamna Richards i-a încuviințat pe loc spusele.

– Da, într-adevăr, nu-i cu putință să crești copii într-o pensiune. Va trebui să o trimit pe Inez la internat. Apoi, pe timpul verii, se găsesc tabere unde fetele învață tot felul de lucruri și se distrează de minune.

– Doar nu vrei să spui... firește că n-ai de gând să o trimiți pe Inez la internat încă mulți ani de acum înainte?

– De ce nu?

– E atât de mică...

– Multe școli, a ripostat doamna Richards, primesc fete de vârsta lui Inez.

Ardoarea propagandei i-a biruit oboseala și a urmat însuflețită:

– Eu, de pildă, sunt de părere că e de dorit să-și înceapă educația cât mai devreme. Știi, trăim în epoca experților, doamnă Pendleton, iar mamele sunt rareori experte.

– Dar au în vedere binele copiilor lor, a remarcat Pollyanna, ceea ce e la fel de important.

– În foarte mică măsură. Copiii nu au nevoie de sentimente, ci de o educație științifică. Iar aceasta trebuie să înceapă de timpuriu.

– Cred că s-a dovedit, a spus Pollyanna, că mortalitatea bebelușilor din instituții, îngrijiți după metode științifice, însă lipsiți de mângâieri, e mai mare decât în cele mai sărace familii, unde nu au parte de știință, ci de multă afecțiune. Bebelușii au nevoie de dragoste ca să le meargă bine. Copiii mai mari, de asemenea. Mi-aș încerca mai degrabă norocul cu o mamă iubitoare, chiar dacă nu-i prea înțeleaptă, decât cu o infirmieră calificată care nu simte nimic pentru copil dincolo de interesul profesional.

Doamna Richards a zâmbit cu superioritatea pe care Pollyanna o găsea oarecum supărătoare.

– Femeilor le-a plăcut dintotdeauna să creadă că maternitatea aduce cu ea o anumită înțelepciune.

– Maternitatea nu, însă dragostea, da. E cel mai bun învățător dintre toți.

– Mi se pare de necrezut. În ceea ce mă privește, tind să adopt zicala care spune că dragostea e oarbă. Apoi, doamnă Pendleton, a continuat gazda Pollyannei, însuflețindu-se pe măsură ce discuția se aprindea, dumneata aplici niște principii de modă veche care susțin că e de datoria mamei să țină copiii aproape de casă și să facă din ei niște membri folositori ai familiei.

– De modă veche? a strigat Pollyanna îngrozită. Dumnezeule! Există vreo modă mai nouă?

– Cu siguranță. Noi, femeile moderne, avem orizonturi mai largi. Încercăm să facem din copiii noștri niște membri folositori ai societății. Idealul căminului fără cusur arată o înclinație către egoism și îngustime în gândire. Noi ne străduim să îl înlocuim cu idealul societății.

Vorbele ei sunau bine, însă Pollyanna se simțea neîncrezătoare.

– Aș crede că, în casa potrivită, copiii sunt crescuți pentru a fi de ajutor mai târziu în societate. Dacă părinții îi învață să fie harnici și cinstiți și înțelegători și îndatoritori și câte și mai câte, cum e cu putință să nu ajungă membri folositori ai societății?

– Dimpotrivă, a spus doamna Richards cu glas cald. Căci, știi, acele familii nutresc păreri cu totul greșite. Un copil pentru care casa înseamnă totul, iar restul lumii, nimic...

– Chiar crezi că mai există un asemenea pericol în zilele noastre? a strigat Pollyanna, curmând, în entuziasmul ei, vorba gazdei sale. Păi, cred că mamele moderne cu greu izbutesc să-și țină copiii pe lângă casă, socotind plăcerile care-i așteaptă în lumea cea largă.

– Bine spus! a aplaudat domnul Richards.

Pollyanna a tresărit. Și-a dat seama că vorbise cu atâta vehemență, încât cei doi bărbați uitaseră de conversația lor și le ascultau cu toată luarea-aminte dezbaterea improvizată. Jimmy o privea satisfăcut și chiar cu oarecare mândrie, ceea ce lăsa de înțeles că era pe deplin mulțumit de felul în care își susținea părerea; iar domnul Richards o aproba fățiș.

Doamnei Richards nu-i scăpase nimic și, cu toate că zâmbea, din glas îi răzbătea destulă asprime:

– Ah, voi, femeile casnice, după cum vă place să vă spuneți, știți, fără doar și poate, dincotro bate vântul. Știți cum să vă faceți plăcute bărbaților.

Venise vremea să vorbească despre altceva; dar Pollyanna și-a spus cu părere de rău că o femeie ca doamna Richards, cu ideile ei atât de moderne, n-ar fi trebuit să-i bănuiască de gânduri ascunse pe toți cei care aveau alte păreri decât ea. Și, cu toate că doamna Richards i-a aruncat câteva momeli în cele douăzeci de minute care au urmat, Pollyanna nu a ținut seamă de nici una, răspunzând doar când nu întrezărea prilej de sfadă. Și s-a întrebat dacă doamna Richards ar învinui-o că-i pune piedici în cale, știind că Inez căuta în casa vecinilor fericirea care lipsea din a ei.

CAPITOLUL XII

Trăgând cu urechea

Cu toate că prietenia din ce în ce mai strânsă dintre mătușa Polly și fosta ei colegă de școală, doamna Aldrich, le ușura oarecum povara, Pollyanna știa că nu le-o lua cu totul de pe umeri, după cum ar fi fost de dorit. După cum spunea Jimmy, parcă ar fi folosit comprese calde atunci când era nevoie de o operație. Pollyanna și Jimmy vorbiseră între ei de nenumărate ori. Pollyanna se străduise să-și țină sentimentele în frâu, iar Jimmy încercase pe cât era cu putință să-și spună părerea cu blândețe și cu tact. În principiu erau de acord. Ceva trebuia făcut; dar cum, fără să o rănească de moarte pe mătușa Polly?

– Știi, am implorat-o să-și vândă casa și să vină să stea cu noi încă de când te-ai întors din Franța, i-a reamintit Pollyanna soțului ei. Acum că a vândut-o, nu-i pot spune că nu o vrem aici.

– Firește că ne bucurăm să o avem în preajmă.

Jimmy s-a oprit și a înghițit în sec, de parcă propriile cuvinte erau greu de mistuit.

– Însă nu avem nevoie de un general de armată.

– Da, ai dreptate; însă e cumplit de greu să i-o spunem în față.

– Sunt gata să i-o spun oricând, draga mea, dar seara trecută păreai să crezi că...

– Ah, da, a tremurat Pollyanna cuprinsă de panică, eu sunt cea care ar trebui să i-o spună. Dar trebuie să aștept prilejul potrivit, Jimmy. Nu mă împinge de la spate.

În ceea ce-l privea pe Jimmy, prilejul potrivit s-a ivit fără întârziere. Mătușa Polly primise vestea pierderii serviciului de ceai din argint cu un sânge rece de necrezut, declarând, asemenea Pollyannei, că s-ar fi putut întâmpla ceva și mai rău. Însă aducea mereu vorba despre nenorocire, iar din glasul ei răzbătea, de fiecare dată, un regret tot mai pătrunzător. Când, în cele din urmă, le-a propus să ducă argintăria la etaj în fiecare seară, ca să se păzească de încă un asemenea dezastru, Pollyanna nu s-a arătat deloc bucuroasă.

– Doar nu *toată* argintăria, mătușă Polly?

– Păi, dacă se găsește vreun lucrușor de care nu-ți pasă câtuși de puțin, de care te-ai bucura să scapi, poți să-l lași la locul lui.

Mătușa Polly și-a îndulcit ironia cu un zâmbet încrezut, și totuși blând.

– Dar ar însemna o grămadă de muncă.

– Nici pomeneală! Ai putea să păstrezi un coș anume pentru asta și să pui argintăria în el înainte de culcare. Apoi Nancy îl aduce jos, dimineaţa. Nimic mai simplu.

– Îmi pare rău acum că nu i-am purtat mai bine de grijă serviciului de ceai, a recunoscut Pollyanna. Însă erau singurele lucruri din argint cu adevărat valoroase. Restul poate fi înlocuit cu uşurinţă şi pare aproape o neghiobie să ne ostenim atâta pentru el.

– Păi, dacă vrei să-ţi laşi argintăria la cheremul primului pungaş care îţi sparge casa, a ripostat mătuşa Polly cu dispreţ, eu nu mai am nimic de spus.

Ai fi putut crede, auzind-o, că o lăsase baltă o dată pentru totdeauna, însă, în ceea ce o privea pe mătuşa Polly, „nimic de spus" nu erau decât vorbe goale. Pornea în fiecare zi la atac, făcând aceleaşi propuneri, aducând aceleaşi argumente şi, în cele din urmă, arătând aceeaşi nemulţumire când Pollyanna nu-i dădea ascultare sfaturilor. Prin urmare, într-o seară, Jimmy a cărat la etaj un coş greu conţinând întreaga argintărie, până şi pocalul de botez al bebeluşului. Însăşi mătuşa Polly supraveghease împachetarea. Când Jimmy a lăsat coşul într-un colţ al dormitorului, a aruncat o privire jalnică înspre Pollyanna şi a prins-o uitându-se la el cu arţag. Amândoi au bufnit în râs pe înfundate.

– Aş crede, Pollyanna, a spus Jimmy, că-i un prilej tocmai potrivit pentru declaraţia ta de independenţă. Fireşte, dacă unii oameni vor să-şi dea atâta osteneală numai ca să-și apere argintăria, e dreptul lor să o facă. Dar *noi* nu vrem, și ne-am văzut siliți.

Pollyanna a încuviințat că sosise vremea.

– E mai bine să începem cu un lucru lipsit de însemnătate.

– Poate că ai dreptate. Ai putea să-i vorbești în glumă, ca să nu o superi atât de rău.

Pollyanna, atât de încrezătoare de obicei, a oftat, știind că înclinarea mătușii Polly spre supărări nu avea, de fapt, margini.

– Fie ce-o fi, a spus ea. Am să mă bucur când se va sfârși totul.

Gândul la corvoada care o aștepta a doua zi i-a tulburat somnul, pricinuindu-i o durere de cap. Jimmy și-a luat rămas-bun de la o soție palidă și lipsită de viață și a pornit la drum cugetând la nestatornicia fericirii omenești.

– Cu trei luni în urmă, totul mergea cum nu se poate mai bine și iată-ne, acum! Nu-mi doresc nimic mai mult decât să o lămuresc pe mătușa Polly cum stau lucrurile, dar, dacă o fac, poate să ne întoarcă spatele și să plece de sub acoperișul nostru mânioasă, iar Pollyanna nu și-o va ierta niciodată. Sper să nu dea înapoi astăzi, pentru că, dacă se întâmplă una ca asta, mă voi vedea nevoit să o iau de la capăt în felul meu.

Dar soarta a amânat încercarea Pollyannei de a lua frâiele în mâini. Se apucase de treburi, întrebându-se cum avea să deschidă subiectul supărător, când a sunat telefonul. Era doamna Aldrich și, după o discuție prelungită, mătușa Polly a lăsat jos receptorul și a pornit în căutarea nepoatei.

– Am invitat-o pe Matilda la prânz, a explicat ea. Voia să vin eu în oraș, dar trebuie să-i răsplătesc cumva ospitalitatea. Spune-i lui Nancy să pregătească niște brioșe. Matildei îi plac la nebunie brioșele. Și adoră frișca, deși, cu o asemenea siluetă, n-ar trebui să se atingă de ea.

– Înțeleg, a spus Pollyanna pierdută în gânduri.

Din pricina vremii proaste, spălătoreasa rămăsese în urmă cu munca, iar Pollyanna s-a întrebat dacă nu cumva ar trebui să-i ceară lui Nancy să calce niște milieuri. O întâlnise pe doamna Aldrich numai o dată și, cu toate că îi păruse aproape dureros de modestă, știa că viitoarea ei musafiră era o femeie bogată, obișnuită încă din leagăn cu luxul și nu i-ar fi trecut niciodată prin minte să o invite la un prânz de familie improvizat. A dat fuga să se sfătuiască cu Nancy, făcându-și planuri pe drum. Copiii aveau să prânzească în camera lor, cu Inez și cu Jiggs drept oaspeți, ca să simtă că dau și ei o petrecere. Dacă mai rămăsese destul din puiul de la cina de duminică, puteau să-i pregătească un sos și să-l servească pe niște turtițe.

Cele trei femei au împărțit un prânz frugal. Sau, mai degrabă, două dintre ele mâncau, în timp ce Pollyanna, în capul mesei, sporovăia și râdea și se juca cu tacâmurile, sperând ca nimeni să nu-i bage de seamă neobișnuita cumpătare. Se trezise cu o durere de cap cumplită, iar pripa în care pregătise prânzul nu îmbunătățise cu nimic lucrurile. Vederea mâncării, oricât de îmbietoare ar fi fost, o făcea să se simtă și mai rău.

Doamna Aldrich a mâncat cu poftă și a copleșit cu laude fiecare fel. Pollyanna a înțeles că, în ciuda avuției, nu era o femeie de care ar fi trebuit să se teamă. Și chiar a zâmbit văzând că doamna Aldrich sorbea cu nesaț fiecare cuvânt al mătușii Polly și-i primea hotărârile fără să crâcnească.

La sfârșitul mesei din care Pollyanna de abia gustase, Nancy s-a arătat ofensată.

– Domnișoară Pollyanna, fie-ți pierzi pofta de mâncare, fie te-ai săturat de cum gătesc eu. Te-ai jucat cu mâncarea în farfurie și n-ai mâncat deloc, deloc!

– Nancy, nu pot mânca astăzi, mă doare îngrozitor capul. Dar totul a fost minunat, după cum ți-a spus doamna Aldrich, iar și iar.

Grija i-a alungat supărarea lui Nancy.

– Firește că n-ai putut mânca, domnișoară Pollyanna. Ești albă la față ca varul. Mergi în camera dumitale și întinde-te pe pat, până te simți mai bine.

Pollyanna a șovăit.

– Mă tem să nu se joace micuții prea zgomotos și să o deranjeze pe mătușa Polly.

– Lasă copiii pe mâna mea, domnișoară Pollyanna. Puțin zgomot nu face rău nimănui. Și, oricum, a urmat ea în grabă, citind pe chipul Pollyannei că nu izbutise să-i potolească temerile, am eu grijă să stea potoliți, așa că liniștește-te și du-te fuguța la culcare.

După ce se războise cu o durere de cap nimicitoare, Pollyanna nu-și dorea nimic mai mult decât să se predea necondiționat. A coborât jaluzelele și s-a prăbușit pe pat cu un suspin de ușurare. Simțea sub obraz perna răcoroasă, asemenea atingerii mângâietoare a unei mame. A închis recunoscătoare ochii. Nancy urma să aibă grijă de copii, iar mătușa Polly și doamna Aldrich își aminteau fericite întâmplări din anii de școală. Îndatorirea de a-i vorbi mătușii Polly putea fi lăsată pentru mai târziu. Nu a trecut nici măcar un minut și a adormit.

Când s-a trezit, după mai bine de o oră, a cuprins-o de îndată groaza. Durerea de cap dispăruse aproape cu totul, încât și-a închipuit, pe bună dreptate, că dormise întreaga după-amiază, iar doamna Aldrich o lua drept o gazdă lipsită de bună-creștere. Pollyanna și-a potrivit părul ciufulit în fața oglinzii și a ieșit în grabă pe coridor.

Părea că somnul ei nu pricinuise nici un dezastru. Copiii se jucau liniștiți în camera lor. Doamna Aldrich și mătușa Polly încă mai vorbeau între ele, iar solemnitatea din glasul lor arăta că se descurcaseră și fără ajutorul ei.

Pollyanna a zăbovit o clipă la ușa camerei celor mici, dorindu-și nespus să intre. Fără nici o tragere de inimă, a hotărât să nu-i stânjenească. Copiii erau mulțumiți acum, ceea ce putea, însă, lua sfârșit dacă le-ar fi întrerupt jocul numai ca să-i părăsească de îndată, după cum îi cereau îndatoririle de gazdă. Cu un zâmbet plin de iubire pentru micuța adunare de după ușă, Pollyanna s-a îndreptat către camera de zi. Apoi, în capul scărilor, s-a oprit ca prefăcută în stană de piatră.

Mătușa Polly vorbea cu neobișnuită vehemență.

– Nu, Matilda, nu, a spus ea. Îți sunt recunoscătoare mai presus de cuvinte, însă am o datorie față de Pollyanna.

Până în acea zi, Pollyanna nu trăsese niciodată dinadins cu urechea. Când se întâmplase să audă discuții menite altora, fusese cu totul împotriva voinței ei. Cu pericolul de a-și dezamăgi admiratorii, trebuie să mărturisim că, după ce a cugetat o clipă, Pollyanna s-a așezat pe scări, dându-și osteneala să nu facă nici un zgomot și a ascultat ce se petrecea jos cu toată luarea-aminte.

Cuvintelor mătușii Polly le-a urmat o clipă de tăcere, după care doamna Aldrich a vorbit, la rândul ei. Spre uimirea Pollyannei, nu se supusese hotărârii mătușii Polly, ba chiar lupta împotriva ei, ca niciodată.

– Știu, Polly, a spus ea cu glas tremurând. Înțeleg ce simți. Dar cred că eu am mai multă nevoie de tine decât scumpa noastră doamnă Pendleton. Sper să nu mă crezi înfiorător de egoistă.

– Dar, Matilda, cum să te cred egoistă, după o asemenea propunere generoasă? O femeie egoistă și-ar folosi banii mai degrabă într-un scop egoist, nu ca să-și invite o fostă colegă de școală în sud, pe timpul iernii.

– Ah, dar, Polly, a întrerupt-o doamna Aldrich cu panică în glas, nu înțelegi. Sunt egoistă tocmai din această pricină. Aș fi mult mai fericită să călătoresc cu tine, știi.

– Îți mulțumesc, draga mea, a răspuns mătușa Polly.

Cum avea firea închisă a celor din Noua Anglie[1], dădea rareori glas afecțiunii, iar cuvintele ei neobișnuite arătau cât era de mișcată.

– Draga mea Polly, mi-aș dori să fii singură pe lume, ca mine, a îndrăznit să spună doamna Aldrich. Am călători prin toată lumea. Știu că ai petrecut timp însemnat prin Europa, dar mai există atâtea locuri, Hawai și Japonia și Țara Sfântă. Chiar și aici, în Boston, mă simt atât de singură, iar servitorii sunt greu de ținut în frâu, în ultima vreme. Dacă ai fi singură pe lume, am merge oriunde vrei tu și am face tot ce-ți dorești, iar viața ar fi minunată. Vai, Polly!

– E foarte frumos din partea ta, Matilda, a murmurat mătușa Polly, cu glas șovăielnic. Recunosc că am visat dintotdeauna să văd Japonia. Dar... datoria rămâne datorie.

---

[1] Regiune din partea nord-estică a Statelor Unite ale Americii, cuprinzând statele Maine, New Hampshire, Vermont, Massachusetts, Rhode Island și Connecticut *(n. trad.)*.

Doamna Aldrich a suspinat, apoi a vorbit, înăbușindu-și vocea în faldurile batistei.

– Înțeleg, Polly. Și, cu toate că sunt dezamăgită, hotărârea ta mă face să te iubesc și să te admir încă și mai mult.

– O iubesc pe Pollyanna ca pe copilul meu, a urmat mătușa Polly. Și, pe lângă dragoste, îi port recunoștință. Când a venit la minte eram cu totul altă femeie decât acum, egoistă și copleșită de amărăciune.

– Egoistă, nu, a protestat doamna Aldrich cu oarecare îndârjire. Nu spune asta, Polly, căci n-am să te cred niciodată.

– Nu m-ai cunoscut atunci. Însă, dacă-i întrebi pe foștii mei vecini din Beldingsville, îți vor povesti cât de mult m-a schimbat sosirea Pollyannei. Iar tot ei îi datorez bucuria mea cea mai de preț. Eu... nu pot vorbi despre asta, știi, dar nu îl mai văzusem pe Thomas timp de ani în șir, înainte ca scumpul copil să ne reunească. Am dat cu piciorul la cincisprezece ani de posibilă fericire, Matilda, însă nu voi uita niciodată puținii ani pe care i-am petrecut împreună. Și, dacă n-ar fi fost Pollyanna...

Mătușa Polly a izbucnit în lacrimi. Pollyanna a auzit-o și pe doamna Aldrich suspinând. Șezând tăcută pe scări, și-a dus, la rândul ei, batista la ochi.

A trecut ceva timp până când mătușa Polly a izbutit să-și vină în fire. Apoi a spus, hotărâtă:

– E atât de tânără, Matilda...

– Firește, foarte tânără.

– Și lipsită de experiența de care are nevoie pentru a-și duce îndatoririle până la capăt. Căci o mamă cu trei copii are îndatoriri grele, Matilda.

– Da, dar, totodată...

Mătușa Polly i-a tăiat vorba.

– Pollyanna nu s-a maturizat îndeajuns pentru vârsta ei. Uneori mă întreb dacă n-o să rămână toată viața un copil. Știi, Matilda, și-a coborât ea prevăzătoare glasul, nu vreau să o vorbesc de rău, dar, înainte de sosirea mea, câinele avea voie să rămână în sufragerie la vremea mesei.

– Chiar așa? a murmurat doamna Aldrich, domolindu-și atât de mult uimirea, încât dezvăluirea părea mai degrabă să o amuze și nu să o umple de groază. Într-adevăr, se poartă ca un copil.

– Iar acum înțelegi, Matilda, a declarat mătușa Polly, hotărârea din glasul ei dând de înțeles că nu mai rămăsese nimic de spus despre asta, de ce sunt nevoită să spun nu, cu toate că îți mulțumesc din toată inima. Pollyanna are nevoie de mine, iar datoria...

Pollyanna a înțeles atunci că, dacă nu vorbea de îndată, va fi nevoită să primească mărinimia mătușii Polly până la sfârșitul zilelor. A sărit în picioare și a luat-o la goană pe scări, cât pe ce să se dea de-a dura. Conversația din camera de zi s-a oprit pe neașteptate, iar cele două femei s-au întors către ea cu fețe cuprinse de groază, de parcă le-ar fi descoperit în toiul unui complot.

Pollyanna s-a grăbit să se folosească de prilej.

– Mătușă Polly, a strigat ea, am tras cu urechea. Am auzit fiecare cuvânt și te iubesc și îți mulțumesc, dar nu am de gând să te las să faci una ca asta.

Mătușa Polly s-a uitat speriată la doamna Aldrich, iar doamna Aldrich s-a uitat vinovată la mătușa Polly, dar nu au scos nici o vorbă. Pollyanna era stăpână pe situație.

– Știu că sunt tânără, s-a grăbit ea să adauge, dar îmbătrânesc cu fiecare zi ce trece. Firește că nu am destulă experiență, dar nu crezi, draga mea mătușă Polly, că e mai ușor să înveți atunci când încerci să te descurci singur și vezi că faci greșeli și apoi încerci iarăși? Și, oricum, nu vreau să renunți la vise de dragul meu, tocmai când sunt pe cale să se împlinească. Am să răspund eu în locul ei, doamnă Aldrich, iar răspunsul este da.

Conștiința a mustrat-o de câteva ori de-a lungul următoarei ore, căci atât mătușa Polly, cât și doamna Aldrich credeau că făcuse un sacrificiu de neînchipuit și au lăudat-o pentru generozitatea ei, până când s-a simțit mai vicleană ca o vulpe. Însă, cu toate că se înroșea la față ori de câte ori cele două femei o acopereau cu laude, Pollyanna nu a uitat să repete că mătușa Polly va porni în călătorie de îndată ce doamna Aldrich i-o va cere.

Mai târziu, în acea seară, Jimmy a chicotit ascultând povestea.

– Păi, Biblia spune că există o vreme pentru orice, până și ca să tragi cu urechea, se pare.

– M-a supărat mai mult să le aud lăudându-mă pentru un sacrificiu pe care nu l-am făcut. Ah, cât de mult mă bucur că s-a întâmplat așa! Înțelegi, Jimmy, acum are să-și petreacă mai tot timpul cu doamna Aldrich, dar se va mângâia cu gândul că mi-a fost de mare ajutor. Și dacă aș fi încercat să o lămuresc, chiar și cu blândețe, ar fi suferit groaznic să știe că eu... că noi... nici nu știu cum s-o spun.

– Atunci lasă-mă pe mine, i-a propus Jimmy. Că suntem recunoscători s-o vedem plecând, deși o prețuim pentru nenumăratele ei virtuți rar întâlnite. Nu te mai uita la mine mustrător, când se vede limpede cât ești de veselă.

Dar Pollyanna purta mai multă bucurie în suflet decât îi putea povesti chiar și lui Jimmy. Când s-a așezat pe trepte ca să tragă cu urechea, încă nu înțelesese că deseori, dincolo de neînțelegerea și de neghiobia și de amestecul nedorit și de stângăcia cu care noi, nepriceputele ființe omenești, ne îngreunăm unul celuilalt viața, iubirea rămâne credincioasă, neschimbată și gata de orice sacrificiu. Oricâtă durere ar fi purtat în suflet pentru necazurile pe care i le pricinuise mătușa Polly, întâmplările din acea zi o vindecaseră cu totul și sădiseră în locul ei afecțiune, tandrețe și recunoștință. Cum să te miri că Pollyanna era bucuroasă?

CAPITOLUL XIII

Ziua când totul a mers rău

Nimeni nu a izbutit să înțeleagă de ce, în unele zile, se petrec numai lucruri rele. Cei care susțin că anumite planete aflate în conjuncție stau la cârma destinului omenesc au mulțumirea de a fi găsit răspuns unui fenomen cunoscut în întreaga lume drept o ghicitoare ce nu poate fi dezlegată.

Nenorocirile din acea zi de rău augur au început când s-a stins focul din sobă. După câte își dădeau seama, nu părea să fi avut o pricină anume. Ba chiar, după spusele lui Jimmy, îngrămădise în ea cărbuni din belșug cu o seară înainte, căci meteorologii anunțaseră temperaturi aproape de zero. Lăsase ventilurile în aceeași poziție ca de obicei, dar focul, care în oricare altă noapte și-ar fi făcut datoria fără prea multă ceremonie, întâmpinându-i dimineața vesel și luminos, și-a luat asupră-și datoria de a pricinui întâiul dezastru al zilei. S-a stins cu bună știință.

Când cuptorarul, care lucra pentru mai bine de o duzină de familii, a venit pe la nouă și jumătate ca să le dea ajutor, Jimmy a avut plăcerea de a pregăti focul, în timp ce Pollyanna, în șoșoni și galoși, a trecut toate țevile la catastif, ca să vadă dacă nu cumva înghețase vreuna. Lui Nancy, zăpăcită de vacarmul din jur, nu i-au crescut brioșele, ceea ce n-a avut, însă, prea mare importanță, căci Jimmy, după ce a isprăvit cu soba, nu a apucat să mai și mănânce.

Nancy îi dădea întotdeauna drumul lui Jiggs afară de îndată ce cobora și, de când plecase mătușa Polly, îl chema înăuntru la timp pentru micul-dejun. Dar, în acea dimineață nenorocoasă, a uitat cu totul de el, iar Jiggs, văzându-și stăpânul plecând la gară, a hotărât să ia măsuri ca să nu mai fie uitat și altă dată.

În ciuda vârstei lui fragede, Jiggs se purta cu nemaivăzută înțelepciune. Dacă și-ar fi urmat instinctul, s-ar fi repezit la Jimmy, bucuros să-l vadă după lunga despărțire din timpul nopții. Însă nici vorbă să facă una ca asta. Dimpotrivă, a tropăit după el încercând să nu se lase văzut, iar norocul a fost de partea lui, căci Jimmy, mai grăbit ca niciodată, nu s-a uitat nici măcar o dată în urmă. A ajuns în gară tocmai la timp ca să se alăture șirului de navetiști care urcau în trenul rapid. Jiggs a ieșit la iveală de îndată ce taxatorul a întors capul și a sărit pe scări la capătul șirului fără să-l bage nimeni în seamă. A intrat în vagonul în care îl văzuse dispărând pe Jimmy, apoi frânarul a închis ușa, iar trenul a pornit.

Interiorul vagonului nu i-a lăsat lui Jiggs o impresie plăcută. Toate scaunele erau ocupate, de bărbați, mai cu seamă, iar toți pasagerii citeau absorbiți ziarul sau alte feluri de literatură. Jiggs nu se lăsa ușor fâstâcit, însă nepăsarea acelei mulțimi neobișnuite, împreună cu mișcarea trenului, au izbutit să-l descumpănească.

A mers încetișor pe culoar, fornăind zgomotos și căutându-și stăpânul. Cum nimeni nu-l văzuse încă, s-a apropiat de scaunul pe care ședea o femeie tânără, citind o revistă. Poate că-i amintea de stăpâna lui și, la gândul că avea să o întâlnească pe Pollyanna în acele împrejurări vitrege, Jiggs și-a recăpătat o parte din veselia obișnuită. Dând cu ochii de o întindere generoasă de ciorap cafeniu de mătase, s-a oprit și l-a mirosit iscoditor. Apoi l-a ispitit o cataramă de pantof, mare și bătătoare la ochi, destul de plăcută privirii, dar cu totul nepotrivită pentru o zi rece de iarnă. Precaut, a atins obiectul strălucitor cu limba.

Femeia, despre care nu putem spune decât că era cu totul cufundată într-o revistă de filme, și-a dat seama cu încetul că se petrecea ceva neobișnuit. Și-a ridicat ochii de pe paginile cuprinzând biografia palpitantă a unei stele de cinema și a văzut un buldog, mic, dar îndesat, cercetându-i îndeaproape pantofii. Nechibzuită cum era, s-a gândit, firește, că Jiggs căuta un loc potrivit ca să-și înfigă colții. A scos un țipăt de-ți îngheța sângele în vine și a sărit sprintenă pe scaun, trăgându-și fustele cât de jos putea peste ciorapii ademenitori de mătase. Tovarășul ei de călătorie, lăsându-se molipsit de panică, i-a poruncit lui Jiggs:

– Jos! Jos, îți spun!

Călătorii și-au dat seama că se întâmpla ceva. Și-au coborât ziarele și au căutat pricina zarvei. Cineva a strigat: „Câine!", o femeie agitată, care se pricepea de minune să înflorească adevărul, a strigat: „Câine turbat!", iar întregul vagon s-a întors să vadă ce se petrece. Un bărbat palid la față, la câteva scaune de femeia care stârnise curiozitatea lui Jiggs, a dorit să știe ce naiba făcea taxatorul.

Cu totul orb la vâlva pe care o stârnise, Jiggs se uita țintă la ciorapii de mătase. Era un lucru atât de neobișnuit să vadă oameni stând în picioare pe mobila tapisată, încât și-a închipuit, pe bună dreptate, că femeia avea chef de joacă. Dând din coadă în semn de înțelegere, Jiggs s-a ridicat în două labe și a sărit către o panglică atârnând.

Femeia a scos încă un țipăt și, de această dată, un cor de voci i s-a alăturat. Zgomotul îl întărâta pe Jiggs. A lătrat vesel, dând mai departe din coadă. Apoi Jimmy, care se așezase tocmai în capătul vagonului, s-a ridicat și s-a uitat în jur.

Nu a avut nevoie de lămuriri; vederea cozii legănându-se vioi i-a dat de înțeles că panica femeii nu-și avea rost. A ieșit pe culoar și s-a îndreptat către locul faptei. Cățelul vărgat îi părea cunoscut; însă nici măcar atunci când l-a prins de zgardă nu i-a trecut prin minte că ar putea purta vreo răspundere.

– Nu-i nici un pericol, a încurajat-o el pe femeia aflată în pragul isteriei. E doar un pui și vrea să se joace.

La auzul vocii stăpânului, Jiggs a scos un scheunat de bucurie și s-a întors către Jimmy, iar femeia care îl numise câine turbat s-a înșelat asupra intențiilor lui și a strigat:

– Dumnezeule mare, o să-l sfâșie în bucăți!

Jimmy, după o clipă de neîncredere, a înțeles totul. Încântarea lui Jiggs îl dăduse de gol chiar și fără dovada zgărzii primite de Crăciun.

– Jiggs, pungașule, cum ai ajuns aici?

Jimmy a ridicat câinele în brațe, iar Jiggs i-a lins urechea cu atâta râvnă, încât i-a dărâmat pălăria de pe cap, scheunând cu părere de rău că nu-și putea da glas mai limpede fericirii. Tocmai atunci a apărut taxatorul și le-a cerut biletele, dar, dând cu ochii de Jimmy și de povara lui, a adăugat:

– Câinii nu au voie în tren.

– Știu că nu au, a spus Jimmy. Ce-ar fi să oprești trenul și să mă dai jos? Nu m-ar stânjeni câtuși de puțin.

Cum taxatorul a refuzat să ia asemenea măsuri drastice, Jimmy l-a ținut pe Jiggs în brațe până când au ajuns în oraș și, după discuții îndelungate și un bacșiș generos, a rânduit să i se poarte de grijă în magazia de bagaje. Apoi a mai trecut ceva timp până când i-a telefonat Pollyannei și a înștiințat-o pe unde se afla Jiggs și, prin urmare, a întârziat cu aproape o oră la muncă. Dar, într-o astfel de zi, se putea aștepta la orice.

Între timp, Pollyanna avea și ea parte de necazuri. Căci, în vreme ce se îngrijea de bebeluș, Cel Mic i-a arătat lui Sin carafa cu melasă, în joacă. Crezând că era ulciorul cu smântână, Sin a mieunat zgomotos, iar Cel Mic, distrându-se de minune, i-a întins carafa, prefăcându-se că-i toarnă în farfurie. Dar, când Sin s-a frecat încântat de mâna lui, Cel Mic a scăpat carafa din mână. Sin s-a văzut scăldat în melasă și a luat-o la fugă în sus, pe scări, lăsând în urmă o dâră lungă, lungă de sirop dulce și lipicios.

Nu mai rămăsese decât un singur lucru de făcut pentru pisoiul înnebunit de groază. În ciuda dimineții friguroase, trebuia îmbăiat pe loc. Iar, când Pollyanna a dus la bun sfârșit misiunea cea grea, înfățișarea cu totul schimbată a lui Sin a tulburat-o pe Judy în asemenea măsură, încât a plâns cu hohote și nu a lăsat pe nimeni să o aline.

– Nu-l mai iubesc pe frățior, a suspinat ea. Mi-a stricat pisicuța.

În cele din urmă, vacarmul s-a potolit îndeajuns cât să-și aducă aminte de Jiggs, iar acesta nu le-a răspuns chemărilor. Pollyanna tocmai își îmbrăca paltonul ca să plece în căutarea lui, când a sunat telefonul. Era Jimmy, înștiințând-o că

Jiggs avea să-și petreacă ziua în oraș și se vor întoarce împreună, cu trenul de cinci fără un sfert.

Nancy a oftat la auzul veștii.

– Păi, sper să nu moară cumva înainte să ajungă acasă. Sunt unele zile, domnișoară Pollyanna, care încep prost și se sfârșesc la fel de prost, oricât de mult te-ai strădui. Și presimt că ziua de azi e una dintre acelea, chiar așa, chiar așa.

Pollyanna, numărând în gând toate întâmplările din acea dimineață, a socotit că se mai găsea speranță.

– Cred că am scăpat de ghinion, Nancy. Și, până la urmă, ne putem bucura că nu au explodat țevile.

În orele ce au urmat s-au bucurat de oarecare pace, întărind speranța Pollyannei că descântecul care le stricase ziua fusese împrăștiat; dar, când Cel Mic s-a întors de la școală, au dat iar de necazuri. Cel Mic părea neobișnuit de jucăuș, dacă nu chiar obraznic. L-a fugărit pe Sin care, cu toate că-și recăpătase blana moale și lucioasă, nu uitase ce se petrecuse de dimineață și a luat-o la sănătoasa la vederea tânărului stăpân. A necăjit bebelușul și i-a ascuns jucăriile, făcându-l să plângă în semn de protest. Îndeobște, Cel Mic și Judy se jucau împreună pe cât de pașnic te-ai fi putut aștepta de la doi copii vioi, însă, în acea zi nefastă, s-au sfădit până când Pollyanna, după nenumărate mustrări, a hotărât să ia măsuri mai aspre.

– Cum fetița și băiețelul meu nu se pot juca împreună cuminți, va trebui să îi despărțim. Ce păcat că, în vreme ce Jiggs nu mârâie niciodată la Sin, iar Sin nu-l zgârie niciodată pe Jiggs, Cel Mic și Judy se iau la ceartă; dar, cum așa stau lucrurile, Judy se va juca în camera ei, iar Cel Mic afară.

– Vreau și eu afară, mămico, a strigat Judy, scăpând din mâna păpușa și ridicându-se iute în picioare.

Pollyanna nu s-a lăsat înduplecată.

– Nu, Judy. Cum vă sfădiți în casă, nu am încredere să vă las pe amândoi afară, unde nu vă pot vedea și auzi. Dacă până mâine vă îndreptați purtarea, poate vă veți juca împreună din nou, însă astăzi, nu.

Simțindu-se, ca orice răufăcător, nedreptățit peste măsură, Cel Mic și-a pus paltonul și a șters-o în curtea din spate, în timp ce Judy a plâns zgomotos, iar bebelușul a pornit și el să se văicărească, căci lacrimile surorii îi stârniseră mila. Apoi Nancy a urcat să o înștiințeze că nu primiseră carnea, și binevoiește domnișoara Pollyanna să telefoneze măcelarului ca să-i spună să o aducă nu mai târziu de trei și jumătate?

După încă un răgaz de pace înșelătoare, Pollyanna, hotărând că Cel Mic petrecuse destul de mult timp afară pentru o zi atât de friguroasă, a mers să-l cheme înăuntru. Cel Mic nu se vedea pe nicăieri, însă, în curtea vecinilor, Jack Horner construia un fort de zăpadă, cu ajutorul câtorva dintre tinerii Hunt.

Dând cu ochii de Pollyanna, Jack a strigat:

– Îl căutați pe Cel Mic, doamnă Pendleton?

– Da, Jack, spune-i, te rog, că e vremea să vină acasă.

– Nu-i aici.

În glasul lui Jack se citea veselia ascunsă a celor care știu că aduc vești proaste.

– A mers acasă la Philip Lloyd, să se joace cu el.

– Acasă la Philip Lloyd?

Pollyannei nu-i venea să-și creadă urechilor.

– Da. I-am spus să nu facă una ca asta, a explicat Jack cu un aer inocent. I-am spus că n-o să vă placă deloc, iar el a zis că nu-i treaba mea.

Pollyanna s-a retras, furioasă. Copiii nu aveau voie să se îndepărteze de casă fără încuviințarea ei și, cu toate că nu-l oprise niciodată să se joace cu Philip, Cel Mic îi sfidase fățiș autoritatea plecând împreună cu el. Strângând din buze într-un fel ce arăta că dincolo de blândețea ei se ascundea o voință de oțel, Pollyanna și-a îmbrăcat paltonul și a pornit către colțul străzii.

În fața casei a șovăit și s-a uitat în susul și în josul străzii, în căutarea fiului dispărut. Dar nu se vedea nici urmă de Cel Mic și, cum numai vestea primită de la Jack Horner îi mai slujea drept călăuză, părea mai înțelept să vadă cât era de adevărată. Pollyanna a urcat grăbită treptele și a sunat la ușă.

Se aşteptase să-i răspundă o servitoare, dar în ușă a apărut, fără urmă de îndoială, stăpâna casei, privind-o oarecum sfidător. Era o femeie trupeșă, încă frumoasă, dar arătând, poate, mai în vârstă decât era cu adevărat, căci se bizuia pe artă ca să-i întregească farmecul pierdut. Însă fardurile, cu oricâtă iscusință ar fi fost întinse, nu izbuteau să-i ascundă zbârciturile de arțag din jurul gurii, iar ochii care o țintuiau pe Pollyanna erau ferestre prin care nemulțumirea și ranchiuna priveau către lume.

– Bună ziua, a spus Pollyanna. Îmi caut băiețelul, James cel Mic Pendleton. Pare să fi dispărut și mă întreb dacă nu cumva se află aici.

Părea că politețea ei o lăsase pe mama lui Philip fără arme.

– Hai înăuntru, a spus ea, și vedem.

Când Pollyanna s-a supus, femeia a continuat, tulburată.

– Bucătăreasa e liberă în după-amiaza aceasta și nu am nici o fată în casă acum, așadar mă văd nevoită să răspund la ușă chiar eu. E cumplit de greu să găsești servitori destoinici.

– Îmi închipui că așa este, a răspuns Pollyanna cu bunăvoință. Eu am avut noroc, căci îmi dă ajutor o femeie de treabă, care a lucrat pentru mătușa mea când eram copil.

Văzuse că doamna Lloyd își dorea s-o rețină, ca trecătorii să poată crede că doamna Pendleton venise în vizită. Pollyanna ar fi fost îndreptățită să-i poarte pică, însă îi părea nespus de rău pentru femeia care părea să fie veșnic nemulțumită de prezent și să spere la o fericire de neatins în viitor.

– N-ai vrea să stai jos? a îndemnat-o doamna Lloyd cu un zel înduioșător. Sus, cu Philip, se află un băiețel. Nu știam cine e. Philip aduce mulți copii acasă, dar nu mă amestec niciodată. Un copil fără frați trebuie să-și găsească prieteni oriunde poate.

Pollyanna a trecut peste neadevărul vădit și a răspuns:

– Da, un copil fără frați se simte uneori singur.

– Uneori regret că ne-am cumpărat casă aici, a urmat doamna Lloyd. Cartierul nu-i așa cum mă așteptasem. Oamenii sunt cumsecade, ce-i drept, însă m-am obișnuit cu un alt soi de tovărășie. Eu și domnul Lloyd ne gândim, uneori, să vindem locul acesta și să luăm un apartament la oraș.

– V-ar fi mai ușor decât nouă, a spus Pollyanna. Trei copii abia dacă încap într-un apartament.

A adăugat, cu blândețe:

– Ceea ce-mi aduce aminte că am lăsat doi dintre ei acasă, iar Nancy pregătește cina, așa că te rog să vezi dacă Cel Mic e aici sau nu...

– Philip! a strigat doamna Lloyd cu un glas lingușitor, care lasă întotdeauna de înțeles celor care ascultă că bunăvoința e menită numai urechilor lor. Philip! Mama are nevoie de tine, dragă.

De sus s-a auzit zgomot de pași grăbiți, iar o ușă s-a deschis.

– Ce vrei? a întrebat o voce bănuitoare.

– Philip, ce băiețel ai sus, cu tine?

– James cel Mic Pendleton.

– Păi, spune-i Celui Mic că mama lui e aici și vrea să vină acasă. Va trebui să vă sfârșiți jocul în altă după-amiază.

Copiii au coborât scările tropăind, Cel Mic neobișnuit de supus, iar Philip aruncând priviri furișe către musafira din fotoliu. Pollyanna a băgat de seamă că, atunci când mama lui i-a pus mâna pe umăr, Philip s-a tras înapoi, măsurând-o cu neîncredere vădită. Era limpede că doamna Lloyd se străduia să îi facă o impresie plăcută.

În vreme ce Pollyanna îl ajuta pe Cel Mic să-și îmbrace paltonul, doamna Lloyd a spus cu bunăvoință:

– Cel Mic poate să dea fuga încoace oricând dorește, doamnă Pendleton. Casa e mare și nu mă supără glasurile de copii jucându-se.

Cu toate că Pollyannei nici nu-i trecea prin minte să-i accepte invitația, mulțumirile ei nu erau lipsite de politețe. Femeia care se străduia să salveze aparențele înaintea unei străine părea la fel de vrednică de milă ca băiețelul singuratic.

Când Jimmy și Jiggs au ajuns acasă, Cel Mic și Judy se aflau amândoi în pat. Cel Mic își ispășea numeroasele păcate din acea zi, iar Judy se jucase cu călimara mamei ei, în ciuda poruncilor primite, distrugând o rochie nouă și un covor mic, dar costisitor. Bebelușul era arțăgos și Pollyanna credea că îi iese un dinte. În urma întâmplărilor dimineții, Sin nu-și mai găsea astâmpărul, iar Jiggs a strănutat de două ori în timpul serii, trezindu-i stăpânei bănuiala că se molipsise de răpciugă în timp ce lipsise de acasă.

– Îmi închipui, a necăjit-o Jimmy, aflând despre porția ei de ghinion, că până și astăzi ai găsit ceva de care să te bucuri.

– Într-adevăr, a strigat Pollyanna. Mă bucur... mă bucur nespus că mătușa Polly se află în siguranță, la Palm Springs!

CAPITOLUL XIV

Pollyanna dă sfaturi

Jamie și Sadie călătoreau de un an în țări străine. Pollyanna primise deseori vești de la amândoi, cu toate că, îndeobște, erau doar câteva rânduri mâzgălite în pripă pe o carte poștală, sub Mont Blanc sau peste Golful Napoli. Scrisorile întâmplătoare nici măcar nu aduceau vorba despre întoarcerea acasă și, când telefonul Pollyannei a sunat într-o dimineață, la scurt timp după plecarea lui Jimmy, a ridicat receptorul gata să-și înștiințeze măcelarul că biftecul pe care i-l trimisese cu o zi înainte fusese cu totul nesatisfăcător. Dar la celălalt capăt al firului nu se afla măcelarul. În schimb, o voce familiară a spus:

– Bună, Pollyanna. Știi cine sunt?

Pollyanna a tresărit puternic, cât pe ce să scape receptorul. Dar nu avea nici cea mai mică îndoială în privința vocii care-i vorbise.

– Sadie! a strigat ea fericită, călătoare scumpă! Pentru numele lui Dumnezeu, unde ești?

– Ah, aici, la mătușa Ruth.

– În Boston, doar! Puteam să jur că suni din Londra sau din Tokio. De ce nu mi-ai spus că vă întoarceți? Gândește-te cât de mult m-aș fi bucurat, așteptându-te.

– Pollyanna, a spus vocea din depărtare, căpătând apoi o gravitate neașteptată, vreau să stau de vorbă cu tine.

– Păi, cred și eu! De când n-am mai sporovăit câte în lună și în stele? Am o grămadă de lucruri să-ți spun și chiar mai multe să te întreb. De abia aștept să-mi povestești despre călătorie.

– Da, dragă, știu.

Timp de o clipă, Pollyannei i-a părut că din glasul lui Sadie răzbăteau cadențe tânguitoare.

– Dar aș vrea, mai degrabă, să-ți cer sfatul în privința unui lucru. Ești acasă în dimineața aceasta?

– Da, cu siguranță.

– Păi, mătușa Ruth e prinsă cu treburi întreaga zi – Pollyanna a zâmbit cu înțelegere –, iar Jamie îl însoțește undeva pe unchiul John, așadar voi veni să vorbim în tihnă, fără nimeni altcineva prin preajmă.

– Grozav! Spune-mi ce tren iei, ca să-ți ies în întâmpinare.

– Prostii, a râs Sadie. Te găsesc eu, fără bătaie de cap. Cât despre trenuri, iau primul pe care-l găsesc și am să-ți bat la ușă înainte să fii gata să mă primești.

Profeția jucăușă s-a îndeplinit cuvânt cu cuvânt. Pollyanna a făcut ordine în casă, apoi a plănuit mesele zilei, apoi a îmbăiat bebelușul, apoi l-a mustrat pe Jiggs pentru că-și îngropase biscuitul într-o ferigă frumos înflorită, apoi a îmbrăcat-o pe Judy cu o rochie curată, apoi a stat de vorbă cu un vânzător de cărți care se străduia să-i vândă literatură repovestită pentru copii în douăzeci și cinci de volume și, când a sunat clopoțelul, hainele ei se găseau în oarecare neorânduială. Nancy obișnuia să-și schimbe șorțul cadrilat cu unul alb și să se dichisească puțin în fața oglinzii înainte să răspundă la ușă. Așadar, fără să aștepte sfârșitul acelei ceremonii îndelungate, Pollyanna a coborât scările în goană, a dat ușa de perete și s-a azvârlit în brațele lui Sadie cea imaculat îmbrăcată.

S-au îmbrățișat strâns și îndelungat, au făcut un pas înapoi ca să se uite mai bine una la cealaltă, apoi și-au îngăduit încă o îmbrățișare.

– Arăți de-a dreptul minunat, a declarat Pollyanna, cu obrazul lipit de al lui Sadie. Te-a îmbrăcat o modistă din Paris, îmi închipui.

– Păi, da... cred că așa este.

– Hai sus, ca să-ți scoți paltonul și să-mi vezi copiii. Cel Mic e la grădiniță, așadar va trebui să aștepți puțin înainte să-l întâlnești. La toamnă începe clasa întâi. Jur că mă simt ca o matroană când mă gândesc la asta. Uite-o pe Judy, trage cu ochiul de după ușă. A tot vorbit despre mătușa Sadie încă de când ai sunat.

Sadie a scăpat repede de palton, iar admirația cu care i-a întâmpinat pe copii s-a ridicat la înălțimea așteptărilor Pollyannei, pe cât era omenește posibil. Bebelușul era încântător și cocheta fără rușine cu străina, bătând din genele-i lungi și aruncând ocheade sfioase către ea. De altfel, Sadie era atât de absorbită de bebeluș încât Pollyanna a găsit de cuviință să-i atragă atenția asupra farmecelor lui Judy. Îi plăcea să-și creadă fetița un model de înțelepciune, dar Judy a luat-o oarecum prin surprindere, trăgând-o de mânecă și spunându-i cu voce joasă:

– Povestește-i ce-am spus despre zilele mari, mămico.

– Ce anume, dragă? Mama nu-și amintește.

– Nu ții minte? Te-am întrebat dacă zilele mari sunt mai lungi decât celelalte. I-ai povestit tăticului și tăticul a râs.

Pollyanna a icnit. Își amintea foarte limpede cât de mult o înveselise întrebarea lui Judy din ziua de Crăciun și știa că numai ea purta vina pentru mulțumirea de sine cu care Judy aștepta să audă povestea care-i dovedea istețimea.

Pollyanna i-a netezit buclele lucioase și a zâmbit cu mâhnire.

– Altă dată, dragă, a spus ea, iar Judy nu a stăruit, cu toate că se întreba, fără doar și poate, de ce mama ei nu folosea un asemenea prilej grozav de a-și distra musafira.

De abia când Sadie a isprăvit toate vorbele de laudă din limba engleză și a căutat sprijinul câtorva cuvinte străine pe care le învățase în călătoriile ei, Pollyanna i-a amintit că voise să-i ceară sfatul în privința unui lucru de mare însemnătate.

– Să mergem în dormitor, i-a propus ea. Vreau să-mi pieptăn părul și am să-mi schimb rochia pentru prânz, în onoarea ta. Nu, Judy, a urmat ea, oprindu-și fetița, care se prinsese de Sadie și se pregătea să le însoțească, nu, dragă, tu trebuie să rămâi aici și să ai grijă de surioara ta.

Judy s-a încruntat văzându-și planurile zădărnicite, apoi s-a luminat la față, înțelegând că primise o îndatorire care-i făcea cinste.

– Îi citesc, a declarat ea și, luând o carte de pe masă, s-a așezat pe balansoarul în miniatură și a început, cu glas cântător:

– În ajun de Crăciun, în întreaga casă, nu se clintea nici șoricelul sub masă[1].

Pollyanna a râs când Sadie s-a arătat uimită de asemenea precocitate.

– Citește din *Micul lord Fauntleroy*[2], dar textul nu are nici o însemnătate pentru Judy. Poate citi asemenea fragmente amuzante până și din dicționar. Mătușa Polly s-a indignat groaznic într-o zi, când a găsit-o citind „Tom, băiat de fluierar"[3] din *Psaltire*, ținând-o cu susul în jos.

– Trebuie să aibă o memorie nemaipomenită.

---

[1] Începutul poeziei pentru copii „A visit from St. Nicholas" („Vizita lui Moș Nicolae"), publicată anonim în 1823 și atribuită în 1837 lui Clement Clarke Moore *(n. trad.)*.

[2] *Little Lord Fauntleroy* (1886), roman pentru copii de Frances Hodgson Burnett *(n. trad.)*.

[3] Poezie englezească pentru copii *(n. trad.)*.

– Așa este, a aprobat mama lui Judy cu mândrie, apoi a adăugat, râzând: Toți copiii au o memorie nemaipomenită, Sadie. Când văd câte lucruri au învățat Judy și Cel Mic în numai câțiva ani, mă topesc de admirație.

Pollyanna și-a curmat vorba cu greutate. Fusese pe cale să dezvăluie mai multe despre subiectul captivant, dar și-a amintit, din nou, că Sadie se grăbise să o vadă încă din prima zi pentru o pricină anume. Nu era drept față de sărmana Sadie. Nu apucase nici măcar să aducă vorba despre călătoriile ei, ci își petrecuse timpul admirând minunații copii ai Pollyannei și aflând despre însușirile lor rare de la o martoră pe care oamenii mai cusurgii ar fi putut-o socoti drept părtinitoare.

Cu fruntea încruntată din pricina trudei cu care își punea frâu mărturisirilor, Pollyanna a așteptat-o pe Sadie să spargă liniștea. Dar Sadie nu părea să se grăbească. A stat o vreme, fără să se miște și fără să scoată vreun cuvânt, cu privirea țintuită asupra covorului. Dar când, în cele din urmă, a vorbit, și-a dezvăluit secretul ca și cum ar fi tras un foc de armă.

– Pollyanna, voi deveni mamă.

Pollyanna a scăpat peria din mână și s-a întors către ea.

– Vai, Sadie, a strigat ea cu voioșie, cât de mult mă bucur! Și cât de fericiți trebuie să fiți tu și Jamie!

Apoi s-a oprit cu un tremur, ca și cum ar fi alergat prin întuneric și s-ar fi lovit de un zid de piatră.

– Dar, Sadie, ce-i? a întrebat ea cu băgare de seamă. S-a întâmplat ceva rău?

Sadie a zâmbit șovăielnic.

– Nu.. nu s-a întâmplat nimic rău... nu tocmai.

– Ce vrei să spui? Ești bolnavă?

– Nu, nici vorbă. Dar, Pollyanna, nu înțelegi?

Glasul lui Sadie devenise oarecum arțăgos.

– Nu înțelegi că pentru mine este altfel decât pentru celelalte femei?

– Nu, nu înțeleg deloc.

– Păi... e vorba de Jamie.

– Adică, a bâiguit Pollyanna îngrozită, nu se bucură?

– Ah, pare foarte mulțumit. Dar mă tem că nu înțelege ce are să însemne copilul pentru el. În toți anii noștri de căsnicie, nu i-am purtat grijă decât lui Jamie. Nu m-am gândit, a spus Sadie cu voce joasă, din care răzbătea o tulburare stranie, decât la bunăstarea lui Jamie și la confortul și la fericirea lui. Iar acum, lucrurile se vor schimba.

– Fără doar și poate, a încuviințat Pollyanna, apoi a adăugat: La urma urmei, nu a sosit vremea să se maturizeze și el?

– Să se maturizeze!

Sadie și-a pierdut sângele rece și a protestat, indignată.

– Păi, nu înțeleg ce vrei să spui. Doar nu crezi că Jamie e mai prejos decât Jimmy sau decât oricare alt bărbat...

Pollyanna i-a alungat dorința de a-și apăra soțul strângând-o cu afecțiune de umeri.

– I-am fost devotată lui Jamie, draga mea, înainte ca tu să-l întâlnești. Nu e nevoie să-mi spui că-i un bărbat adevărat. Dar trebuie să înțelegi că nu s-a maturizat pe de-a-ntregul, în mare parte din vina ta. Hai, ascultă-mă, a stăruit ea, când Sadie a dat semn că voia să-i curme vorba. Nu-i nimic neobișnuit pentru un copil să se simtă buricul pământului. Bebelușului, dragul de el, i se pare de la sine înțeles să fie cel dintâi în toate privințele și, dacă nu-i facem de îndată pe plac, face tărăboi. Cam așa stau lucrurile când vine vorba de copii, iar tu l-ai încurajat pe Jamie să se poarte întocmai.

– Pollyanna, e ridicol. Jamie a avut nevoie de mine mai mult decât alți bărbați au nevoie de soțiile lor, asta-i tot. În parte pentru că e olog, dar și din alte pricini.

Fără să țină seama de vorbele lui Sadie, ca și cum nici n-ar fi auzit-o, Pollyanna a continuat:

– Am văzut o schimbare la Judy de îndată ce s-a născut bebelușul. Știi, nu te poți simți buricul pământului atunci când trebuie să te gândești la cineva mai mic, mai plăpând și mai neajutorat. Cel Mic, cu două surioare, se poartă ca un bărbat mititel. Și, crede-mă, de asta are nevoie și Jamie. Poți să-i mulțumești sorții că bebelușul vine la timp. Încă zece ani de răsfăț l-ar fi putut strica; acum, însă, nu e prea târziu să se schimbe.

A trebuit să-și tragă răsuflarea, iar Sadie s-a folosit de prilej.

– Pollyanna, a protestat ea, nu ții socoteală de un lucru. Jamie este – ei bine, n-am să spun un geniu, cu toate că numeroși oameni cred asta. Dar are sensibilitatea unui artist. E pătimaș din fire și nu poți judeca oamenii pătimași în același chip ca pe cei cumsecade și cu picioarele pe pământ... ei bine, ca pe Jimmy.

– Aș zice, a ripostat Pollyanna, că toți oamenii temperamentali pe care i-am cunoscut nu erau decât infantili. Erau nestatornici asemenea copiilor și, la fel ca ei, se lăsau în voia toanelor, în loc să încerce să și le stăpânească. Dar artiștii au un privilegiu față de noi, oamenii de rând. Dăruiesc lumii atât de multă bucurie, încât nu li se mai cere și altceva. De aceea, mulți dintre ei se cred Peter Pan[1].

Sadie a izbucnit într-un reproș plin de indignare, s-a înecat, apoi s-a oprit pe neașteptate, și-a dus batista la ochi și, în cele din urmă, s-a lăsat plângând pe umărul Pollyannei.

– Atunci... atunci crezi că totul va fi bine? a suspinat ea.

---

[1] Personajul principal din piesa „Peter Pan, sau băiatul care nu vrea să crească" (1904) și din romanul *Peter și Wendy* (1911) ale romancierului și dramaturgului scoțian J.M. Barrie (1860-1937), considerat un simbol al copilului veșnic.

– Nici că se va putea mai bine. Ascultă, Sadie: îți amintești, când ți-ai petrecut vara în Beldingsville și am mers în drumeție, am vrut să-l împiedic pe Jamie să care lăzi și să facă alte lucruri grele. Iar tu mi-ai arătat ce greșeală făceam și că Jamie se simțea mult mai fericit să ajute, la fel ca toți ceilalți.

– Da, a șoptit Sadie cu vocea sugrumată, îmi amintesc.

– Ei bine, mi-ai dat o lecție, iar eu ți-o dau acum înapoi. Lasă-l pe Jamie să-și ducă partea de poveri, ca oricare tată. Nu-l apăra și nu-l cruța și nu-l trata ca pe un copil. Lasă-l să-și facă datoria de bărbat și de tată, iar amândoi veți fi mai fericiți ca niciodată.

Când Sadie și-a ridicat capul, chipul îi strălucea.

– Vai, Pollyanna, a strigat ea, cât de mult m-ai ajutat! Te-am invidiat azi, când te-am văzut alături de copii. Aproape că mi-am dorit ca bărbatul cu care m-am căsătorit să nu fi fost atât de înzestrat, ci doar un om simplu și obișnuit, ca... ei bine, ca mulți, mulți alții. Dar, dacă tu crezi că putem fi fericiți, în ciuda a tot ce...

Pollyanna a șovăit să o consoleze. Bănuia că „omul simplu și obișnuit" din gândurile lui Sadie era chiar Jimmy și că numele lui Jimmy îi stătuse pe limbă până când, din cuviință, și-a înghițit vorbele. Timp de o clipă, și-a dorit nespus să îi spună că Jimmy era minunat, în felul lui, întocmai ca artiștii de soiul lui Jamie, ca să nu vorbim chiar de Jamie însuși. Apoi și-a uitat fărâma de ranchiună la vederea ochilor plânși ai lui Sadie, cu un zâmbet ieșind la iveală asemenea razelor de soare după o zi ploioasă. Cele două tinere femei au rămas strâns îmbrățișate, vorbind despre subiecte atât de captivante încât nu au simțit timpul trecând, iar ora prânzului a găsit-o pe Pollyanna cu părul încă atârnându-i pe umeri.

Când Pollyanna i-a povestit despre sfatul dat, Jimmy a chicotit.

– Bravo, a spus el. Însă, dacă Sadie te-ar cunoaște la fel de bine ca mine, ar ști că, în mintea ta, bebelușii sunt cel mai bun leac pentru soții și soțiile de pretutindeni, oricare le-ar fi durerea. Rețeta pe care le-o dai rămâne neschimbată: „Un bebeluș. Repetați doza, dacă devine necesar. P. Pendleton, doctor în medicină".

Pollyanna s-a uitat la el sfidătoare.

– Nu-mi pasă, a spus ea. Cred că-i de-a dreptul un panaceu[1]. Dacă un bebeluș nu te vindecă de egoism, de nechibzuință, de neghiobie și de frivolitate, atunci nu știu cine ar putea s-o mai facă. Unii oameni nu mai au nici o speranță, poate; însă, dacă se mai găsește o urmă de bine în sufletul cuiva, bebelușul o va găsi cu siguranță. Iar, în ceea ce-l privește pe Jamie, copilul are să-l transforme, dacă Sadie nu stăruie cumva să fie și mamă, și tată, lăsându-l fără nimic de făcut. Acesta-i adevăratul pericol.

– Atunci, a spus Jimmy, să sperăm că au gemeni.

[1] Medicament care vindecă orice boală *(n. trad.)*.

CAPITOLUL XV

Jamie stârnește ceva

Jamie și Sadie au venit la cină în sâmbăta ce a urmat vizitei lui Sadie, iar Pollyanna și-a dat multă osteneală să-i pregătească pe copii pentru întâlnirea cu Jamie și cârjele lui. Amândoi îl văzuseră cu un an și jumătate înainte; însă Judy îl uitase cu desăvârșire, firește, iar până și amintirile Celui Mic erau încețoșate. Pollyanna, după ce le-a trezit curiozitatea pentru băiețelul în scaun cu rotile care se împrietenise strâns cu păsările și cu veverițele, a ajuns la punctul culminant al povestirii, când băiețelul a primit o pereche de cârje.

– Știți, unchiul Jamie scrie cărți pe care oamenii le citesc cu multă bucurie, la fel cum și eu mă bucuram să-i ascult poveștile când eram copil. Dar nu poate să meargă și să alerge ca tăticul. Nu mai e nevoit să stea într-un scaun cu rotile, ca atunci când l-am cunoscut; însă, acum, folosește cârje. Și, când întâlnim oameni ologi, nu băgăm în seamă cârjele lor, de teamă să nu-i rănim.

Cel Mic era nemaivăzut de curios.

– Am văzut odată un băiat mergând în cârje și era grozav de înalt, mai înalt decât tăticul, mai înalt și decât biserica, aș zice.

– Cred că te gândești la catalige, James cel Mic, și nu la cârje. Băieții merg pe catalige pentru că le place să fie foarte înalți și nu are nici o însemnătate dacă râzi, căci încearcă să fie caraghioși. Însă cei care folosesc cârje nu au încotro, iar noi nu le băgăm niciodată în seamă.

A doua zi, s-a temut vreme de câteva clipe, la sosirea lui Jamie și a lui Sadie. Cei doi copii trăgeau cu ochiul pe fereastră, cu o luare-aminte despre care Pollyanna știa că nu fusese pricinuită de nici unul dintre oaspeți. Țintuiau cu privirea cârjele frumos lustruite între care se legăna Jamie, urcând treptele. Pollyanna s-a întrebat dacă nu făcuse cumva o greșeală, încercând să-i pregătească pentru neobișnuitul spectacol.

– James cel Mic! a strigat ea, în chip de avertisment.

Cel Mic a tresărit și s-a înroșit la față. Apoi, văzând că nu era singurul făptaș, și-a prins surioara de braț și a pișcat-o cu putere. Judy a scos un țipăt.

– Se uita, mamă, la lucrul pe care ai spus să nu-l băgăm în seamă, s-a apărat Cel Mic, iar Pollyanna, grăbindu-se să deschidă ușa, nu a apucat decât să șuiere:

– Liniște, copii!

Jimmy, care în după-amiezile de sâmbătă se întorcea devreme acasă, a coborât scările în goană la auzul glasurilor de pe coridor. S-au împărțit multe îmbrățișări și strângeri de mână, în timp ce oaspeții și gazdele vorbeau cu toții odată. De abia când s-au așezat în camera de zi, iar cârjele lui Jamie se sprijineau de scaun, Pollyanna l-a văzut pe Cel Mic uitându-se la candelabru. Hotărât să nu stânjenească oaspetele mamei lui, Cel Mic își întorsese privirea în singura direcție pe care o găsea neprimejdioasă.

Pollyanna tocmai născocea o misiune în bucătărie care i-ar fi putut lua gândurile de la subiectul sensibil, când Jimmy i-a băgat de seamă purtarea neobișnuită.

– La ce te uiți, fiule?

– La nimic, a răspuns Cel Mic răbdător.

– Păi, te uiți cam stăruitor la nimic, nu-i așa?

– Da, tăticule.

– Jimmy, s-a băgat Pollyanna grăbită în vorbă, aud bebelușul plângând.

Își înștiințase dinainte soțul că, ori de câte ori Jamie se va afla sub acoperișul lor, avea să-l îndemne mai des să-și îndeplinească îndatoririle de părinte, ca acestea să se întipărească în mintea viitorului tată.

– Rochia curată atârnă de pătuț, a urmat ea, și ai putea să o încalți cu pantofiorii albi.

Apoi, când Jimmy a plecat, zâmbind larg la o glumă numai de el știută, Pollyanna s-a întors către Cel Mic.

– Cred că-l aud pe Jiggs scheunând, dragă. Poţi să-l chemi în casă, dar şterge-i labele cu grijă înainte să-l laşi pe covor.

Cel Mic şi-a coborât privirea din tavan, însă pe drum a întâlnit un spectacol înfiorător, asemenea capului tăiat al Meduzei[1]. S-a uitat cu tot atâta luare-aminte ca şi la candelabru, dar în ochi îi apăruse o groază cumplită. Pollyanna i-a urmărit privirea şi, timp de o clipă, i-a împărtăşit temerile.

Judy se învârtea în jurul cârjelor de parcă ar fi fost o pereche de lumânări aprinse, iar ea, un fluture de noapte. Un amestec încântător de zburdălnicie şi de îndrăzneală îi lumina chipul. A întins mâna, atingând lemnul lustruit, apoi l-a mângâiat cu tandreţe. Iar, când Jamie a întors capul să vadă ce-l fascinase într-atât pe Cel Mic, Judy s-a uitat ţintă în ochii lui, cu un zâmbet care i-a tăiat răsuflarea.

– Cârje drăgălaşe, a spus ea, cu o intonaţie dureros de clară.

Pollyanna primise mult prea des dovada sensibilităţii cu totul absurde a lui Jamie ca să-i poată ghici răspunsul; însă, spre marea ei uşurare, a văzut că farmecul lui Judy cumpănea lipsa ei de tact. Jamie a ridicat-o în braţe şi a aşezat-o pe genunchi, în vreme ce Judy, ca o adevărată fiică a Evei, îşi punea la bătaie toate şiretlicurile pentru a-l cuceri pe străin.

---

[1] Personaj din mitologia greacă, o femeie cu păr din şerpi a cărei privire împietreşte *(n. trad.)*.

– Așadar îți plac cârjele? a întrebat Jamie. Și ce crezi despre băiatul care le folosește?

Judy l-a mângâiat pe obraz cu mânuța ei dolofană.

– Ești unchiul Jamie cel drăguț, a gângurit ea.

Jamie era vădit încântat.

– Pollyanna, și-a provocat el gazda, doar nu pretinzi că e copilul tău?

– Nu văd pe altcineva care să o revendice, s-a zbârlit mama lui Judy.

– Dovezile sunt împotriva ta. Ai fost o fetiță adorabilă, un mic înger...

– Jamie! a protestat revoltată Pollyanna. Nici vorbă de una ca asta.

– Păi, oricum, ai fost o scumpă, după cum unii dintre noi nu vor putea niciodată să uite. Însă nu aveai nici urmă de cochetărie în fire, iar zânișoara asta e o cochetă.

Judy îl ascultase fascinată.

– Sunt o zână? a vrut ea să știe, cu privirea sfioasă îndreptată în sus, către el.

– Cu așa urechi ascuțite, nu m-ar mira.

Judy și-a atins grăbită urechiușele roz.

– Unde-s ascuțite, unchiule Jamie?

Cel Mic părea tulburat.

– Judy nu poate fi o zână, a protestat el, că-i surioara mea.

– Păi, n-ai de unde să știi, l-a necăjit Jamie. Uneori zânele fură un bebeluș de om și pun în locul lui un bebeluș de zână. Așa s-a întâmplat și aici, cred eu.

Jimmy a adus bebelușul, ceea ce a pus capăt născocirii lui Jamie, spre ușurarea Pollyannei. Judy părea mult prea mulțumită de originea ei fantezistă, în timp ce pe chipul Celui Mic se citea o teamă cumplită. Bebelușul, luminos și îmbujorat după somn, într-o rochie albă fără cusur și cu zâmbetul de zile mari, a devenit centrul atenției în acea clipă. Și nici măcar Pollyanna nu-și închipuia că povestea nu luase nici pe departe sfârșit.

Inez Richards încântase familia Hunt cu prezența ei la prânz și, găsind mâncarea pregătită din prea multe resturi ca să-i fie pe plac, a întrebat, ca din întâmplare:

– De ce nu aveți mâncare bună, ca Judy și Cel Mic?

– Nu-ți cere nimeni să prânzești aici dacă nu-ți place mâncarea noastră, a informat-o Cornelia cu o privire nimicitoare.

– Te-ai invitat singură, a adăugat Arthur, venind în ajutorul surorii lui.

– Poți să te joci cu Pendleton cel Mic toată ziua, dacă vrei. Nouă nu ne pasă, a tachinat-o Elizabeth.

Inez s-ar fi putut măsura cu oricare dintre ei, luați unul câte unul, dar până și curajul ei de neclintit a tremurat înaintea familiei unite.

– Până și mamei i-ar plăcea să mă joc numai cu Cel Mic, le-a dat ea de veste fostelor gazde, că-i mai bine-crescut.

Și, cu demnitate nemăsurată, s-a retras sub focul inamicului, în timp ce toți cei cinci Hunt îi strigau zeflemele în cor.

Sosirea lui Inez în casa familiei Pendleton s-a dovedit a fi semnalul care a împrăștiat grupul din camera de zi. Pollyanna a oprit-o, văzând că voia să-și dezbrace paltonul și i-a spus că ar fi mai bine să meargă în curtea din spate cu Judy și Cel Mic. Jimmy l-a luat pe Jamie la etaj, pentru o discuție între patru ochi, pesemne. Pollyanna și Sadie tocmai vorbeau despre garderoba la care cei nou-veniți pe pământ au dreptul să se aștepte, când Pollyanna a dat cu ochii de o siluetă familiară, urcând scările.

– Vai, e mama lui Inez! a strigat ea. A venit să vadă ce face fetița, îmi închipui.

Însă bănuiala nu era pe potriva deșteptăciunii ei, căci, de când avusese plăcerea să o cunoască pe doamna Richards, nu arătase niciodată măcar o urmă de curiozitate pentru felul în care Inez își petrecea timpul liber. Și, într-adevăr, când doamna Richards a intrat în casă, nici măcar nu a adus vorba despre Inez, ci, dând cu ochii de Sadie în camera alăturată, a murmurat nehotărâtă:

– Văd că ai oaspeți. N-am știut...

– Hai, intră, a îndemnat-o Pollyanna primitoare. E doar o veche prietenă și m-aș bucura să o cunoști.

Apoi, când Sadie s-a ridicat cu bebelușul în brațe, Pollyanna le-a făcut cunoștință fără prea multă ceremonie.

– Doamna Carew, doamna Richards. Una dintre noile mele vecine, Sadie.

Cele două femei și-au întins mâna, murmurând câteva cuvinte de complezență. Dar, când degetele li s-au întâlnit, amândouă au tresărit și s-au uitat una la alta cu ochii mari; zâmbetele mecanice au dispărut, alungate de o emoție puternică.

– Vai, a icnit doamna Richards, tu ești!

Iar Sadie, după cum a văzut Pollyanna, mormăia ceva la fel de lipsit de noimă.

– Păi, v-ați mai întâlnit și înainte? a strigat ea, uitându-se de la chipul împietrit al doamnei Richards, la fața îmbujorată a lui Sadie. Vai, e minunat! Habar nu aveam...

Apoi s-a oprit, găsind că începea și ea să își piardă cuvintele la gândul supărător că prietenele ei nu se cunoscuseră în împrejurări tocmai prielnice.

Sadie a vorbit cea dintâi.

– Da, am întâlnit-o ieri pe doamna Richards, a spus ea cu un zâmbet neliniștit. Mătușa Ruth avea niște treabă la magazinul de suveniruri și ne-am oprit acolo în drum spre concert.

– Îmi pare foarte rău că doamna Pendleton s-a supărat, a declarat doamna Richards cu răceală.

Apoi a tresărit și s-a întors către Pollyanna. Pendleton.

– Nu m-am gândit niciodată că aveți același nume. Sunteți cumva rude?

– Ah, stai jos mai întâi, iar eu am să-ți desenez tot arborele genealogic, a râs Pollyanna, trăgându-i un balansoar. Domnul Pendleton e tatăl adoptiv al soțului meu, iar doamna Pendleton...

A șovăit și s-a uitat către Sadie, care i-a luat locul, continuând povestea:

– Doamna Pendleton e mătușa soțului meu, dar el a rămas orfan la o vârstă foarte fragedă, așadar i-a ținut loc și de mamă.

– Îmi pare foarte rău, a repetat doamna Richards, că doamna Pendleton s-a supărat pentru factura aceea.

De acum se așezase și, pe măsură ce se liniștea, își pierdea și asprimea din voce.

– E cumplit de greu să țin conturile corect, a oftat ea.

– Femeia aceea pe care o ai cu dumneata, a început Sadie șovăind, nu știu dacă e contabila sau partenera dumitale...

– Ah, e partenera mea, Ruth Rossiter. Face parte din societatea mondenă, dar s-a săturat de gogomăniile vieții sociale, a explicat doamna Richards, și a vrut să facă un lucru care merită cu adevărat osteneala.

– Pare foarte tânără. Îmi închipui că nu are nici un fel de experiență în afaceri.

– Nu, nici un fel de experiență. Și nici eu nu am, de altfel. Îmi închipui că, în asemenea împrejurări, se mai întâmplă și greșeli.

Ghicind că subiectul era supărător, din încăpățânarea cu care doamna Richards se întorcea la el, Pollyanna le-a istorisit o întâmplare hazlie despre un perceptor care le înmânase o factură de peste patruzeci și cinci de dolari pentru călătorii cu taxiul.

– Iar cum mie și lui Jimmy nici măcar nu ne trecea prin cap să luăm taxiul în acele zile, a râs Pollyanna, a fost destul de nostim, cu toate că m-am și necăjit cumplit. Perceptorul era atât de stăruitor...

Apoi a schimbat vorba, întrebând-o pe doamna Richards ce avusese de spus dentistul despre dintele care îi făcea atâtea necazuri lui Inez. Dar se părea că era prima oară când doamna Richards auzea despre dintele buclucaș, așadar dentistul nu apucase să dea glas vreunei păreri.

După o jumătate de oră, când purtarea doamnei Richards devenise mult mai caldă, iar Pollyanna începea să spere că un sfârșit de vizită plăcut ar putea șterge amintirea începutului neprielnic, Cel Mic s-a ivit în prag cu o jalbă.

– Mamă, Inez vrea să hotărască ea totul. Tocmai...

– Liniște, James cel Mic! Nu vezi că mama are oaspeți? Hai să vorbești cu doamna Richards.

Cu un chip care s-ar fi potrivit mai degrabă victimelor Inchiziției apropiindu-se de camera de tortură, Cel Mic a mers la doamna Richards și a dat mâna cu ea. Odată ce a scăpat de amabilități, s-a întors la plângerea lui.

– Mamă, dacă nu o lăsăm pe Inez să facă după cum o taie capul, începe să ne ocărască...

– James cel Mic, dacă tu și Judy nu vă puteți juca frumos în curte, va trebui să intrați în casă și să vă jucați în camera voastră.

– E vremea ca Inez să meargă acasă, a spus doamna Richards. James cel Mic, spune-i, te rog, că mama e aici și că o așteaptă.

Pollyanna s-a felicitat când doamna Richards și-a luat rămas-bun de la Sadie, fără să mai aducă vorba despre întâmplarea nefericită din magazinul de suveniruri.

Plecarea doamnei Richards a părut să-i aducă o mare ușurare lui Sadie.

– Prietena ta pare să mă învinovățească pentru ceea ce s-a întâmplat ieri, dar nu am fost decât un martor nevinovat. Nu am avut nimic de-a face cu asta. Am fost de față, numai, dorindu-mi să mă găsesc la capătul celălalt al pământului.

– Chiar atât de rău a fost?

– Păi, mătușa Ruth s-a supărat. Știi, când au început afacerea, au invitat-o să-și deschidă un cont acolo, iar una dintre prietenele ei i-a trezit interesul în acea privință. De atunci a cumpărat nenumărate mărunțișuri de la ele și spune că factura a fost greșită în fiecare lună. Factura din luna aceasta cuprinde toate lucrurile pe care a refuzat să le plătească pentru că nu-i aparțin. Așa că a intrat și a dat glas câtorva adevăruri de care doamna Richards și partenera ei nu s-au bucurat cu nimic mai mult decât mine, dacă ar fi fost să ne luăm după fețele lor.

– Doamna Richards mi-a spus că amândouă sunt cumplit de nepricepute când vine vorba de contabilitate, a spus Pollyanna cu înțelegere în glas. Nu mă îndoiesc că a fost doar o greșeală.

– Păi, firește. Știi, Pollyanna, unele dintre fetele înstărite care se grăbesc în ultima vreme să-și deschidă o afacere n-au știut niciodată diferența dintre o monedă de cinci cenți și o bancnotă de cinci dolari. Vreau să spun, ar cheltui-o pe una cu la fel de multă nepăsare ca și pe cealaltă. E greu pentru oamenii de acest fel să țină o afacere și să dea socoteală pentru fiecare bănuț. Cred că domnișoarei Rossiter i se părea nedemn ca mătușa Ruth să facă un asemenea tărăboi pentru un fleac de treizeci de dolari! Presimt că au să dea în scurtă vreme de necaz.

– Nu-mi place să spun că mă bucur pentru asta, a adăugat Pollyanna, după o clipă, pentru că ar fi o mare dezamăgire pentru doamna Richards. Însă, când mă gândesc că sărmana fetiță are atâta nevoie de mama ei, iar sărmana mamă are atâta nevoie de copilul ei, atunci... păi, dacă amândouă primesc ceea ce au nevoie, de ce nu m-aș bucura pentru asta?

CAPITOLUL XVI

Un copil misterios

Când Sadie i-a trecut din nou pragul, Pollyanna a hotărât să improvizeze o petrecere, în speranța că avea, poate, să alunge tristețea pricinuită de vizita doamnei Richards.

– Am niște vecine minunate, i-a spus ea lui Sadie, și vreau să le întâlnești. Ai să petreci atât de multă vreme aici în anii ce vor veni, încât îți va prinde bine să le cunoști pe toate.

Luând tăcerea lui Sadie drept consimțământ, Pollyanna s-a apucat de îndată să trimită invitații. S-a lipsit cu totul de ceremonie. Dând cu ochii de doamna McGill la fereastra camerei de culcare, Pollyanna a deschis geamul și i-a făcut semn că avea să-i spună ceva de mare însemnătate. Doamna McGill, înțelegând de îndată, a scos capul pe fereastră, iar Pollyanna i-a strigat:

– Poți să treci după-amiază pe aici ca să-mi cunoști o prietenă?

– Cu multă plăcere. La ce oră?

– Ah, pe la trei.

Doamna McGill a zâmbit, a încuviințat din cap și a închis fereastra. Apoi doamna Hunt, ieșind în curtea din spate să atârne niște rufe la uscat, a primit, la rândul ei, o invitație. Pollyanna a văzut-o pe doamna Warner trecând prin fața casei, în drum spre piață. Celelalte s-au văzut invitate prin telefon, mai puțin doamna Richards. Cum nimeni nu răspundea în casa familiei Richards, Pollyanna l-a trimis pe Cel Mic cu un bilețel, invitând-o la o ceașcă de ceai cu doamna Carew și câteva vecine, dacă se întorcea la timp.

În timp ce Pollyanna telefona, Sadie își petrecea timpul lucrând la unul dintre acele veșminte mititele care poartă duioșie și speranță în fiecare cusătură. Cufundată în gânduri, nu a băgat de seamă că Judy se apropiase și îi privea curioasă, dar bănuitoare, munca. O întrebare a chemat-o pe Sadie înapoi din lumea viselor:

– De ce faci o rochiță de bebeluș?

Sadie a tresărit, și-a învins imboldul de a ascunde veșmântul trădător, apoi a zâmbit chipului nedumerit care se ridicase către ea. Ca mulți alții, Sadie îi credea pe copii o pradă ușoară. I-a răspuns veselă:

– Plănuiesc să îl fur pe al vostru.

– Mămica n-o să te lase.

– Dar te are pe tine și pe Cel Mic. Nu-i drept să aibă trei copii, când eu nu am nici unul.

– Poate, a șovăit Judy, încruntându-se în timp ce se confrunta cu dilema plină de însemnătate, poate că zânele au să fure unul pentru tine.

– M-am săturat să le aștept pe zâne. Am să fur unul cu mâna mea.

Judy s-a tras înapoi cu fața umbrită de ranchiună, iar Sadie, cu bine-cunoscuta neputință de a lua simțămintele copiilor în serios, a râs și și-a urmat treaba. Puțin după ora trei, camera de zi a Pollyannei părea neobișnuit de însuflețită. Vecinele se arătaseră la fel de neceremonioase ca și ea. Cele mai multe veniseră fără pălării și aproape toate își aduseseră ceva de cusut. Acum vorbeau în același timp, dând dovadă că se distrau de minune.

Copiii nu erau de față, căci Pollyanna îi trimisese să se joace afară. Judy plecase fără nici o tragere de inimă.

– Vreau să le ascult vorbind despre bărbații lor, a șoptit ea la urechea mamei.

Nancy avea grijă de bebeluș în camera copiilor. Dar, cu toate că micuții lipseau cu trupul, le stăpâneau întru totul gândurile. Nu după mult timp, conversația a cârmit către acele probleme care le preocupă îndeosebi pe mame.

– Pare o întâlnire neoficială a Clubului mamelor, i-a spus doamna McGill lui Sadie într-o clipă de liniște. Iar eu mă simt străină de toate acestea, căci nu am copii. Tu ai?

– Nu, a spus Sadie și s-a înroșit într-un fel care a făcut fiecare femeie de față să o scruteze cu o curiozitate blajină.

Apoi doamna Redding, ca să le îndepărteze, poate, atenția de la obrajii înflăcărați ai lui Sadie, a exclamat:

– Mi-aș dori să fi luat parte toate la conferința de ieri, din oraș. Orice mamă ar trebui să o asculte.

– Ne poți spune despre ce s-a vorbit? a întrebat Pollyanna, numai ochi și urechi.

Doamnei Redding nu părea să-i vină ușor. A explicat oarecum șovăielnic că nu e sănătos să te împotrivești voinței copiilor. Dacă încă își mai doreau să facă lucrul interzis, acesta se putea transforma într-o dorință reprimată, care, la rândul ei, devenea în timp un complex.

– Ceea ce e foarte periculos, a explicat doamna Redding, vădit bucuroasă că ajungea la capăt, căci, din câte am înțeles, dacă lucrul ajunge un complex, n-ai încotro și trebuie să-l faci.

Afirmației îndrăznețe i-a urmat o liniște apăsătoare.

– Vai de mine! a strigat doamna Wilkins în cele din urmă. E cumplit cât de multe trebuie să știe o mamă în ziua de astăzi.

Doamna Warner a încuviințat.

– Simțul responsabilității unei mame e, într-adevăr, o povară zdrobitoare – adică, dacă își ia rolul în serios. Uneori, când mă uit la Jack al meu, mă întreb unde am găsit curajul.

– Unele femei nu par să gândească niciodată astfel, a observat o blondă frumușică, al cărei păr tuns scurt îi dădea o înfățișare atât de tinerească încât maturitatea ideilor ei era aproape surprinzătoare. Nu simt nici un fel de responsabilitate mai presus de hrană și de îmbrăcăminte.

– Îmi pare, a spus doamna Hamilton cu solemnitate, că femeia lipsită de un simț puternic al datoriei nu e potrivită să devină mamă.

Întreaga adunare a murmurat aprobator, apoi Pollyanna a vorbit:

– Nu crezi că bucuria are la fel de multă însemnătate?

– Bucuria? a repetat doamna Hamilton întrebător. Dar ce vrei să spui?

– Femeia poate cunoaște cu de-amănuntul toate noile teorii despre creșterea copiilor, a explicat Pollyanna, și poate da dovadă de un simț nemaipomenit al datoriei și al responsabilității, însă, dacă nu a învățat să se bucure de copiii ei, cred că a dat greș în toate.

Adunarea și-a dat glas tulburării.

– Dar cum te mai poți bucura, a întrebat doamna Wilkins cu glas plângăreț, când munca și grijile te sleiesc de orice vlagă?

– Femeile din pătura noastră socială nu ar trebui să muncească până își pierd întreaga vlagă decât atunci când micuții sunt bolnavi, de pildă. Cred că datoria mea de căpătâi, a explicat Pollyanna, este să fiu o mamă fericită. Apoi încerc să țin gospodăria pe cât de bine îmi stă în putință, fără să sacrific lucrurile cu adevărat însemnate.

– Pot să vă asigur că doamna Pendleton trăiește potrivit teoriilor ei, a spus doamna McGill. Am să le povestesc despre dimineața de Crăciun, draga mea. Chiar așa.

Și, în ciuda protestelor Pollyannei, le-a istorisit cum își pierduse Pollyanna bunul ei cel mai de preț.

– Oricare femeie din această încăpere, a declarat doamna McGill, ar fi izbucnit în lacrimi. Iar primele vorbe care au ieșit din gura doamnei Pendleton au fost: mă bucur.

– Toate o invidiem pe doamna Pendleton pentru optimismul ei, a spus doamna Warner, uitându-se cu afecțiune către gazdă. Aș da orice să mă fi născut veselă din fire.

– Dar mă întreb dacă s-a născut într-adevăr așa, a cugetat doamna McGill. Sper că așa e, firește, căci scap astfel de orice responsabilitate. Dar cred că doamna Pendleton pune totul în seama unui joc pe care l-a jucat încă din copilărie.

– Un joc! a repetat doamna Hunt. Sună interesant.

– Sunt sigură că nu era bridge, a râs doamna Warner, căreia Pollyanna îi istorisise despre săptămâna istovitoare pe care o petrecuse în casa mătușii Ruth.

– Ar fi mai bine să le povestești dumneata, doamnă Pendleton, a propus doamna McGill. Sau, dacă ești prea modestă, am să o fac eu, cu toate că nu voi izbuti la fel de bine.

De altfel, povestea cârjelor din butoiașul misionar nu și-a pierdut câtuși de puțin farmecul în cuvintele doamnei McGill. Era limpede că trezise interesul tuturor celor de față, chiar dacă înclinau să privească Jocul Bucuriei drept un ideal imposibil de realizat.

– Înțeleg că ar putea captiva un copil, a spus doamna Hamilton, dar, firește, pe măsură ce îmbătrânești...

Cu toate că nu terminase ce avea de spus, înțelesul era limpede, iar Pollyanna a ridicat pe dată mănușa în apărarea jocului ei.

– Poți găsi pricină de bucurie în orice. N-am întâlnit niciodată vreo excepție, iar Jocul Bucuriei e vechi de acum, știți.

– Și încă îl mai joci? a întrebat cineva cu neîncredere.

Pollyanna a zâmbit dulce spre cea care îi pusese întrebarea.

– I-am spus mătușii Ruth, odată, că aș uita cum să mă joc, dacă aș duce viața ei. Și tocmai din această pricină mi-e greu. Sunt atât de fericită, încât nu mă mai văd nevoită să caut motiv de bucurie.

Apoi a tresărit și s-a răsucit repede. Cineva a mai pus o întrebare, însă era limpede că Pollyanna nu o auzise. Asculta un sunet care venea din afara încăperii, iar pe chipul ei grăitor se citea o neîncredere tinzând către uimire.

– Doar nu s-a trezit bebelușul? a spus Sadie, privind nedumerită chipul absorbit al Pollyannei.

Pollyanna s-a întors către ea.

– Vine de aici, din casă, nu-i așa? a întrebat ea. Dar nu se poate. E un copil mult mai mic decât al meu.

Plânsetul, pe care îl auzeau acum toate, s-a înteţit. Uşa camerei copiilor s-a deschis şi Nancy a traversat coridorul de la etaj. Apoi au auzit-o vorbind mângâietor:

– Haide, haide, îngeraş scump! O vrea pe mama, fie binecuvântat!

Pollyanna a alergat la capătul scărilor.

– Ce s-a întâmplat, Nancy? a strigat ea, cu încordare în glas.

– Nimic, domnişoară Pollyanna. S-a trezit îngeraşul. Am să-l aduc jos.

Şi, aproape de îndată, Nancy a apărut în vârful scărilor cu un bebeluş în braţe. Era un copil poate în vârstă de şase luni, îmbrăcat ca pentru afară în hăinuţe albe tricotate, care contrastau puternic cu feţişoara lui roşie şi mânioasă. Bebeluşul plângea zgomotos, cu ochii strâns închişi şi, când Nancy a coborât scările zâmbind, Pollyanna a făcut un pas înapoi şi, încremenită de uimire, s-a uitat ţintă la nălucă.

– Cred că ştie că-i într-o casă străină, domnişoară Pollyanna, a spus Nancy. Are să se simtă mai bine dacă-şi vede mămica.

S-a întors nerăbdătoare către adunarea din camera de zi, iar femeile s-au uitat la ea cu nedumerire, fără să scoată o vorbă.

– Nancy, s-a bâlbâit Pollyanna, găsindu-şi în cele din urmă glasul. De unde a apărut copilul acesta?

Timp de o clipă, Nancy a închis ochii şi, când i-a deschis din nou, în ei se citea spaima.

– Don'șoară? a șovăit ea.

– Am spus, de unde a apărut copilul acesta?

– Dar, domnișoară Pollyanna, l-a adus una dintre doamne, nu-i așa? Nici n-am știut că-i în casă până nu l-am auzit plângând. Zăcea pe patul lui Judy, țipând și zbătându-se și dând din piciorușe și cu fețișoara roșie ca mărul.

Încă o dată, s-a întors rugătoare către femeile din sufragerie, de parcă le-ar fi implorat să o ușureze de povară. Cum nici una nu părea înclinată să ia asupră-și răspunderea, Nancy a închis iar ochii și s-a clătinat pe picioare, gata să cadă. Pollyanna i-a alergat în ajutor, i-a smuls copilul din brațele lipsite de vlagă și a sprijinit micul rebel pe umăr, mângâindu-l până când plânsetul s-a prefăcut într-un gângurit senin. Femeile s-au strâns neliniștite în jurul lor, oferind nenumărate sugestii, dar nici una nu a recunoscut copilul.

– Îmi închipui că ușa din spate a rămas descuiată, a spus Pollyanna, străduindu-se să-și adune mințile îndeajuns cât să înțeleagă ce se petrecuse.

– Păi, da, don'șoară. Copiii se joacă afară.

– Mă întreb, a cugetat Pollyanna tulburată, dacă micuții n-au avut ceva de a face cu asta. Îi chemi înăuntru, te rog, Nancy?

– Cel Mic a plecat să se joace cu Jack, a spus doamna Warner. Am să-l chem încoace, în timp ce Nancy o aduce pe Judy.

Cel Mic a sosit cel dintâi, mulțumită faptului că Nancy, de îndată ce plecase în misiune, s-a întors cu răsuflarea tăiată, vestind că în curtea din spate se găsea un cărucior de copii.

– E chiar lângă zid, domnișoară Pollyanna, cu o cuvertură de blăniță și o pernă brodată înăuntru. Parcă am fi în poveștile cu vrăjitoare pe care mi le spunea bunica.

Doamna Warner se ferise dinadins să îi dea Celui Mic vreo lămurire în privința chemării grabnice și, intrând în casă și văzându-și mama cu un bebeluș necunoscut în brațe, copilul a ajuns deîndată la o concluzie nefirească.

– Vai, mamă, a icnit el fericit, e băiețel sau fetiță?

– James cel Mic, a spus Pollyanna, cu toate că fața lui îi dăduse deja răspunsul, știi cum a ajuns bebelușul aici?

Cel Mic s-a apropiat, uitându-se la ea tainic.

– Unii oameni spun că-i aduce o pasăre caraghioasă, a explicat el. Una cu picioare cumplit de lungi. Dar eu nu cred una ca asta.

Era limpede că nu se putea afla nimic folositor de la Cel Mic și, când Judy a apărut de mână cu Nancy, purtând pe chip nevinovăția unui înger, părea că nici ea nu avea nimic de a face cu misterul. Dar, cu toate că se uita cu asprime înspre grămăjoara de lână din brațele mamei, Judy nu scotea o vorbă, iar tăcerea ei i-a dat Pollyannei de bănuit.

– Judy, draga mea, știi cum a ajuns copilul aici?

– Poate că, a ciripit Judy în timp ce toate femeile așteptau cu răsuflarea tăiată, poate că l-au furat zânele.

Pollyanna și-a amintit discursul fantezist al lui Jamie din săptămâna care trecuse și a oftat, continuându-și interogatoriul.

– Gândește-te bine și spune-i mamei tot ce știi despre asta.

– Poate că, a răspuns Judy cu glas încă și mai ascuțit, l-au furat zânele pentru mătușa Sadie.

În ciuda neliniștii, adunarea a chicotit pe înfundate, oprindu-se doar când Sadie a strigat, înfricoșată:

– Vai, Pollyanna, mă întreb dacă nu cumva e vina mea.

– Cum așa, ce vrei să spui?

– M-a văzut cosând niște lucrușoare pentru copii și m-a întrebat despre ele. Iar eu... ei bine, i-am spus că plănuiam să-ți fur bebelușul.

– E un bebeluș frumos, mătușă Sadie, a spus Judy, arătând către copilul în hăinuțe de lână. Ai spus că... nu mai aveai răbdare, iar zânele... s-au grăbit.

Pollyanna nu mai avea nici o îndoială că făptașul se afla înaintea ei. A înmânat bebelușul celei mai apropiate femei și a prins-o pe Judy de mână.

– Hai sus cu mama, Judy, a spus ea. Trebuie să vorbim puțin.

În timp ce Judy urca scările, glasul i-a străbătut până la adunarea de la parter:

– Mătușa Sadie se bucură grozav că zânele i-au furat un bebeluș frumos, nu-i așa?

După douăzeci de minute de întrebări, Judy a recunoscut în cele din urmă că zâna care se făcea vinovată de furtul copilului era chiar ea. E greu de ghicit dacă un copil cu imaginație bogată cunoaște întotdeauna deosebirea dintre închipuirile lui și realitate. În timpul interogatoriului Pollyannei, Judy părea uneori să-și creadă povestea ridicolă pe de-a-ntregul. Dar, în cele din urmă, a recunoscut că găsise un cărucior cu un bebeluș în el.

– Și nu avea nici mămică, nici tătic, nici pe Nancy, nici pe nimeni, a lămurit Judy cu glas plângăreț. L-au furat zânele pentru mătușa Sadie.

– Cine te-a ajutat să-l aduci aici? a întrebat Pollyanna, dar pasămite Judy nu avusese nici un complice.

Dacă bebelușul însuși n-ar fi fost o dovadă de neclintit, Pollyanna i-ar fi putut lua istorisirea drept zbor al imaginației. Găsind cărucioruțul fără stăpân, l-a împins senină acasă și, pare-se, nimeni nu găsise îndeajuns de stranie priveliștea unui copil de abia ieșit din scutece purtând de grijă unui bebeluș de câteva luni, ca să pună vreo întrebare. Când a ajuns acasă, Cel Mic nu se zărea pe nicăieri, iar Nancy era în odaia copiilor, așadar Judy, fără nici o piedică în cale, a cărat bebelușul dormind pe scările din spate – Pollyanna s-a înfiorat ascultând-o – și l-a așezat pe patul ei.

Pollyanna era în sfârșit încredințată că așa se petrecuseră lucrurile.

– Mergem de îndată la locul unde ai găsit căruciorul, a spus ea. Poate că sărmana mamă e la fel de necăjită cum am fi noi, dacă ne-am pierde bebelușul.

– Mătușa Sadie... a început Judy și, cu toate că nu a mers mai departe, mama ei a înțeles.

– Mătușa Sadie a glumit numai, când a spus că vrea să ne fure bebelușul. Nici nu i-ar trece prin minte o asemenea faptă rea. Hai, las-o pe mama să-ți pună paltonul și pălăria, căci trebuie să ne grăbim.

La parter, musafirele Pollyannei așteptau nerăbdătoare vești, însă, primindu-le, s-au arătat neîncrezătoare.

– Pare cu neputință, a declarat doamna McGill, măsurând-o din priviri pe micuța răufăcătoare, dacă nu cumva a primit cu adevărat ajutor de la spiriduși.

– Copiii sunt în stare să facă o grămadă de lucruri pe care noi le credem cu neputință, a spus Pollyanna, luând bebelușul din brațele doamnei Hunt. Sper să mă întorc repede acasă și să vă servesc ceașca de ceai pe care v-am promis-o. Dacă nu mă întorc, Nancy...

– Prostii! a strigat doamna McGill. Nu-ți fă griji pentru ceaiul nostru. Dar nu crezi, draga mea, că ar fi bine să telefonezi la poliție înainte să pleci? Când cei răspunzători pentru bebeluș vor vedea că a dispărut, or să înștiințeze poliția de îndată.

Pollyanna a încuviințat planul, iar doamna McGill a telefonat. Însă nici un caz de răpire nu fusese raportat la poliție, cu toate că funcționarul de serviciu a luat adresa Pollyannei, ca să o aibă la îndemână pe viitor. Bebelușul misterios începuse să plângă de foame, după cum se temea Pollyanna și, după ce l-a așezat în cărucior, a pornit cu pași grăbiți în direcția pe care i-o arătase Judy, cu fetița tropăind alături.

În curând a devenit limpede că Judy nu-i era de mai mult ajutor decât o busolă stricată. După ce au luat-o spre răsărit, trecând pe lângă o jumătate de duzină de cvartale, Pollyannei i s-au trezit bănuielile.

– Atât de departe ai mers, draga mea? Nu-mi vine să cred. O fetiță care nu are voie să treacă singură strada!

– Nu, n-am mers atât de departe, a declarat Judy, însă Pollyanna nu știa dacă spunea adevărul sau voia numai să-și micșoreze vinovăția.

A mers așadar încă trei cvartale, apoi s-a întors pe propriile-i urme.

– Acum, Judy, trebuie să te uiți bine și să găsești locul unde se afla căruciorul.

– Nu mai știu unde era, a spus Judy îmbufnată.

– Gândește-te o clipă, dragă. Ce ai văzut lângă cărucior când l-ai luat cu tine?

– Două păsărele istețe, a răspuns Judy, înseninându-se. Dar și-au luat zborul.

După un ceas de căutări, timp în care a telefonat acasă, gândind că poliția dăduse poate vreo veste, Pollyanna a hotărât să se întoarcă și să aștepte un semn de la mama copilului. Nu era cu putință să pierzi un copil atât de mic și să nu faci nimic în acea privință. Spre ușurarea ei, musafirele plecaseră, mai puțin doamna McGill și Sadie. Bebelușul era furios la culme, iar Pollyanna a încercat să-l potolească hrănindu-l pe săturate. După cum era de așteptat, bebelușul a devenit mai înțelegător odată ce a scăpat de junghiurile foamei, însă grijile Pollyannei nu ajunseseră încă la capăt. În mintea celor trei femei se învârteau aceleași gânduri și, în cele din urmă, doamna McGill le-a dat glas:

– Ar fi prea mare potrivire ca Judy să fi dat peste un bebeluș părăsit, nu-i așa?

Pollyanna a încuviințat că potrivirea ar fi fost, într-adevăr, mult prea mare, iar Sadie a sprijinit-o cu mult entuziasm, după care părea să nu mai găsească nimic de spus. Ședeau cugetând în tăcere și tresăreau speriate ori de câte ori suna telefonul. Însă prima dată a fost numai doamna Warner, vrând să știe dacă mai aflaseră ceva, apoi doamna Wilkins, cu aceeași întrebare.

Când Jimmy a sosit de la gară, Cel Mic l-a întâmpinat la jumătatea cvartalului.

– Am un frățior nou, tăticule.

Jimmy s-a oprit, năucit, apoi și-a venit în fire.

– Ce glumă mai e și asta, fiule?

– Poate să se joace cu mine când îi cresc câțiva dinți, a sporovăit Cel Mic mai departe, și celălalt bebeluș poate să se joace cu Judy.

– Despre ce vorbești tu acolo, James cel Mic?

– Mama nu știe de unde vin copiii, a urmat Cel Mic, în taină. Crezi că-i aduce pasărea aia caraghioasă, tăticule?

Jimmy nu și-a lămurit fiul. În schimb, a pornit cu pași mari spre casă, Cel Mic alergându-i pe urme, iar vederea Pollyannei cu doi bebeluși în brațe i-a dovedit că băiatul nu născocise chiar totul. Și, aflând că Pollyanna nu plănuia să adopte un copil, Jimmy a devenit mai optimist. A susținut că până și cea mai uitucă mamă nu-și putea rătăci bebelușul, uitând apoi de el cu desăvârșire, iar hainele micuțului arătau că venea dintr-o pătură socială unde părinții nu-și părăsesc îndeobște copiii.

Dar, la miezul nopții, Pollyanna și Jimmy încă mai așteptau. Doamna McGill plecase acasă, iar Sadie se întorsese în oraș. Toți copiii dormeau, chiar și bebelușul misterios. Pollyanna arăta palidă și ostenită. Jimmy era somnoros și cam arțăgos.

– Am putea scrie un anunț, a propus Pollyanna, fără vioiciunea-i obișnuită.

– La obiecte pierdute, îmi închipui, a împuns-o Jimmy. Posesorul își va primi bunurile înapoi făcând dovada dreptului de proprietate și plătind taxa!

– E îngrozitor, a declarat Pollyanna cu glasul sugrumat, când te gândești că o scumpete de bebeluș poate să dispară, fără să-i pese nimănui de el. Unde-i e mama? Vai, ce-i asta? Ai auzit ceva?

O mașină, apropiindu-se în goana mare, s-a oprit în fața casei cu zgomot de frână. Apoi s-au auzit pași grăbiți și cineva a tras cu putere de clopoțel. Jimmy și Pollyanna săriseră în picioare de la primul sunet, iar ușa s-a deschis larg înainte ca vizitatorul cuprins de frenezie să mai sune o dată.

În prag aștepta un bărbat tânăr, iar o femeie tocmai urca scările, înfățișarea ei dând de înțeles că rămăsese în urmă doar pentru că nu putuse alerga la fel de repede. Tânărul vorbea fără noimă.

– Aici e... s-a bâlbâit el. Aici e casa...

Femeia a scos un strigăt jalnic, iar Jimmy a răspuns întrebării mute a amândurora.

– Copilul e bine, a strigat el. Doarme buștean. Veniți înăuntru.

Pollyanna nu zăbovise. Fugise sus de la primul cuvânt și s-a întors cu bebelușul adormit în brațe când părinții de abia trecuseră pragul. Apoi necunoscuții au râs și au vărsat câteva lacrimi și au sporovăit fără noimă și, în cele din urmă, au dat lămuriri.

Mama bebelușului, din câte se părea, plecase la oraș în acea dimineață. Când s-a întors împreună cu soțul ei, cu puțin înainte de miezul nopții, au găsit bucătăreasa scoasă din minți. Le-a explicat că bona plecase la plimbare cu bebelușul în preajma orei unu și nu se mai întorsese acasă. Apoi le-a povestit că bona obișnuia să-i dea bebelușului o doză de sirop calmant, după care împingea căruciorul în parcul din fața unui cinema și îl lăsa acolo, în timp ce se uita la film cu prietenele.

Părinții îngroziți au alergat de îndată la poliție, unde au aflat că bebelușul era găzduit pe strada Elsinore, așteptându-i să-l revendice. Apoi Pollyanna le-a istorisit despre apariția misterioasă a bebelușului în dormitorul de la etaj. Părea aproape dincolo de închipuire că Judy hoinărise atât de departe de casă și, pe drumul înapoi, împinsese căruciorul fără ca nimeni să bage de seamă, însă, în lipsa unei explicații mai ușor de crezut, erau nevoiți să se mulțumească și cu aceasta.

– Nu pot înțelege, a spus Pollyanna, care, bucurându-se nespus pentru familia reunită, uitase cu totul de oboseală, de ce bona nu s-a întors acasă de cum a văzut că bebelușul nu mai era acolo, ca să vă spună ce s-a petrecut.

– A crezut fie că l-au luat niște prieteni care ar fi putut-o da de gol, fie că a fost răpit, și nu s-a întors de teamă că o vom crede răspunzătoare.

– Da, înțeleg. Vai, a strigat Pollyanna din toată inima, nu vă bucurați că ați prins-o înainte să se fi întâmplat ceva încă și mai rău?

Mama cea tânără și-a recunoscut mulțumirea.

– N-am să mă mai încred în nimeni de acum înainte, a declarat ea. Păi, bucătăreasa, o femeie cumsecade și de nădejde, a știut de la bun început ce făcea făptura aceea și nu a scos nici un cuvânt despre asta până când n-a împins-o teama. Mă simt ca și cum nu mai îndrăznesc să plec de acasă înainte să crească micuțul.

Când, mult după ora unu, au izbutit în cele din urmă să meargă la culcare, Pollyanna a căzut pe gânduri.

– Vezi câtă grijă trebuie să avem când îi vorbim unui copil cu imaginație bogată? Glumele lui Jamie și ale lui Sadie despre bebeluși furați au împins-o pe Judy la asemenea faptă. Dar, la urma urmei, a adăugat ea cu glas mai vesel, i-a dat doamnei Fenton, prostuța de ea, o lecție de care avea nevoie. Se pare că Judy a fost, într-adevăr, unealta sorții.

– Te bucuri cam mult pentru o răpire, a râs Jimmy, dar s-a aplecat deasupra patului în care dormea fetița și i-a sărutat cu tandrețe obrazul de îngeraș.

CAPITOLUL XVII

Umbre

În mila Lui, Dumnezeu ascunde vederii ziua de mâine, ca bucuriile de acum să nu pălească sub umbra nenorocirilor ce au să vină. Pollyanna tocmai se felicita pentru sănătatea înfloritoare a familiei pe timpul iernii, când o epidemie de gripă a izbucnit cu aproape aceeași violență ca în ziua în care lovise întâia oară acea parte a Oceanului Atlantic.

Plânsetele din odaia copiilor au chemat-o pe Pollyanna la etaj într-o după-amiază, crezând că va fi de trebuință să împartă dreptate. În schimb, a văzut că era mai degrabă nevoie de un bun samaritean. Inez Richards ședea pe balansoarul lui Judy, iar înfățișarea ei i-a atras luarea-aminte de îndată ce a trecut pragul. S-a apropiat de copil și i-a atins obrajii îmbujorați. Inez și-a ridicat ochii pe jumătate ascunși de pleoape.

– Ce mâini reci și moi! a murmurat ea.

Mâinile mamelor sunt mai moi decât mâinile altora.

– Mamă, Inez nu vrea să se joace, s-a plâns Cel Mic. Începe, apoi se oprește de îndată.

– Nu cred că Inez se simte prea bine, l-a mângâiat Pollyanna. Cred că-i mai bine să pleci acasă, draga mea, iar eu am să te însoțesc.

– Vin și eu! a strigat Cel Mic, uitându-și ranchiuna la gândul unei plimbări cu mama lui.

– Nu, fiule. Astăzi te las să le porți de grijă lui Judy și bebelușului.

– Vai de mine, a bombănit Cel Mic. Mi-aș dori să nu fi avut surori. Fetele-s grozav de nesuferite. Au mereu nevoie de cineva care să le poarte de grijă.

Fără să-i bage în seamă țâfna, Pollyanna a ajutat-o pe Inez să-și îmbrace paltonul și să-și încalțe galoșii, căci nu părea în stare să se descurce singură. Optimismul ei neabătut lupta din greu împotriva unei neliniști crescânde. Se învinuia că nu descoperise mai devreme boala lui Inez. Drumul către casa familiei Richards, deși scurt, a fost foarte greu. Prinzându-se strâns de mâna Pollyannei, Inez își trăgea picioarele, oprindu-se deseori ca să se plângă de spate sau de cap sau de burtă. În cele din urmă au ajuns, dar ușurarea Pollyannei s-a risipit la vederea ușii încuiate. Cu toate că a sunat clopoțelul lung și stăruitor, chemarea lui nu a primit nici un răspuns.

Ușa casei învecinate s-a deschis și o femeie a ieșit pe verandă.

– Nu-i nimeni acasă, a spus ea. Și nici nu se vor întoarce până într-o oră. Voiai să o vezi pe doamna Richards?

– Voiam să o aduc pe Inez acasă, a explicat Pollyanna scurt. E bolnavă.

Femeia s-a uitat cu milă la fetiță, care ședea pe treapta cea mai de sus, cu capul sprijinit pe genunchi.

– Mare păcat, a bolborosit ea. Doamna Richards se laudă mereu cu servitoarea ei, dar o văd ieșind la plimbare aproape în fiecare după-amiază și întorcându-se abia când vine vremea să pregătească cina. M-am întrebat deseori cum se descurcă sărmana micuță Inez, încuiată afară din casă.

Pollyanna ar fi putut-o lumina în acea privință, dar a ales să nu o facă. În schimb, a încercat o fereastră de la verandă. Era încuiată, iar geamăna ei, la fel.

– Dacă o cunoști pe doamna Richards îndeajuns de bine cât să intri în lipsa ei, s-a aventurat vecina, pe una din laturi se găsește o fereastră care nu-i încuiată – sau, cel puțin, cred că nu. E cam înaltă, dar am eu o scară.

– Dacă arde casa cuiva, a răspuns Pollyanna răspicat, nu trebuie să-i cunosc bine stăpânii ca să intru și să sting focul. Așa și acum. Să te ajut să cari scara?

Presimțirea vecinei s-a dovedit adevărată. Din vârful unei scări oarecum șubrede, Pollyanna a deschis fereastra fără greutate. I-a fost mai anevoie să se salte peste pervaz, iar într-un rând, vecina, văzând doar o pereche de picioare lovind frenetic, a scos un țipăt asurzitor, crezând, pe bună dreptate, că Pollyanna aterizase în cap. Dar temerile i s-au potolit când Pollyanna a apărut în geam, cu capul înainte.

– N-am pățit nimic, a spus ea. Mulțumesc din suflet. Acum o las pe Inez înăuntru și mă îngrijesc de ea cât pot, până se întoarce cineva acasă.

A așteptat mai mult timp decât își închipuise, cu toate că s-a folosit din plin de el. Era limpede că Inez trebuia să meargă neîntârziat la culcare și, șovăind o clipă, Pollyanna a dezbrăcat-o și a vârât-o în pat. Apoi, cu blândețea unei mame, i-a spălat fețișoara îmbujorată, ciulind urechile după orice sunet care ar fi putut prevesti întoarcerea părinților lui Inez. Îngrijorarea îi creștea, gândind că lipsea prea mult de acasă, însă era cu neputință să lase copilul singur.

În cele din urmă s-a deschis ușa de la intrare, iar pe hol a răsunat zgomot de pași. Pollyanna s-a grăbit să coboare scările și s-a văzut față în față cu domnul Richards, care a întâmpinat-o cu surprindere firească. Înainte măcar să-și termine lămurirea, Pollyanna l-a compătimit din tot sufletul, căci se înroșise până în vârful urechilor.

– Îmi cer iertare că ați fost nevoită să vă dați atâta osteneală. Inez se îmbolnăvește mai tot timpul. A făcut indigestie, îmi închipui.

– Poate că nu-i nimic mai mult decât atât.

Pollyanna a șovăit, apoi a continuat:

– Dacă ar fi copilul meu, aş chema doctorul; însă, fireşte, doamna Richards va şti mai bine decât mine dacă aveţi pricină de nelinişte.

– Mă tem că soţia mea nu se va întoarce până seara târziu, a spus domnul Richards. Au angajat o contabilă care încearcă în fiecare seară să le pună finanţele pe picioare, iar cu cât mai mult se străduiesc, cu atât li se par mai încâlcite.

Pollyanna a murmurat câteva cuvinte de regret, cu toate că, la drept vorbind, nu se gândea la greutăţile financiare ale doamnei Richards, ci la copilul din încăperea de la etaj, răsucindu-se fără odihnă pe o pernă încinsă.

– Soţia mea e femeie isteaţă, a stăruit domnul Richards, de parcă s-ar fi aşteptat ca Pollyanna să tăgăduiască. La fel şi partenera ei, domnişoara Rossiter. Dar necazul e că nu s-au mulţumit să înceapă cu lucruri mai simple. Soţia mea n-a ştiut niciodată pe ce i se duc banii, iar domnişoara Rossiter nu ştie nici măcar ce însemnătate au. Voi, femeile, uitaţi uneori că afacerile cer şi ele oarecare studiu, la fel ca o meserie.

– Mă tem că sunt nevoită să plec, domnule Richards, a spus Pollyanna, care, oricât de mult l-ar fi compătimit de obicei, îl ascultase acum fără prea multă luare-aminte. Şi sper să mă iertaţi că v-am intrat neinvitată în casă.

Domnul Richards s-a înroşit din nou, iar Pollyanna a înţeles că se plânsese de afacerile soţiei sale numai ca să-şi ascundă rana despre care nu putea vorbi cu o străină.

– Nu e nimic de iertat, doamnă Pendleton; însă vă datorez mulțumiri. Înțeleg că i-ați purtat fetiței mele de grijă și vă mulțumesc. Vă sunt mai recunoscător decât pot pune în cuvinte.

Când Pollyanna a trecut pe lângă casa familiei Lloyd, a văzut mașina doctorului așteptând la poartă și s-a întrebat dacă Philip era bolnav. Iar a doua zi, Cornelia Hunt i-a strigat Celui Mic de pe scările din dos că Arthur era bolnav și doctorul tocmai plecase.

– Arthur are toane[1], a vestit Cornelia cu mândrie vădită. Treizeci și nouă, a spus doctorul.

– Mama m-ar chelfăni dacă aș avea treizeci și nouă de toane, a pufnit Cel Mic, vrând să nu-i dea apă la moară.

– Păi, asta-i altceva. Doctorul îți pune un fel de acadea în gură – numai că nu-i de mâncare – și pe urmă ai atâtea toane câte spune el. Și nu te chelfănește nimeni.

Pollyanna, păzindu-și turma cu neobișnuită grijă, și-a spus iar și iar că nu are pricină de teamă. Nu rămânea îndoială că boala se răspândea. Ziarele nu-i dădeau prea multă însemnătate, cu toate că, uneori, o știre îngrozitoare se strecura printre articolele pline de optimism, ca un chip urât ivindu-se din spatele unei perdele. Pollyanna se liniștea spunându-și că niște copii atât de sănătoși ca ai ei nu aveau de ce să se teamă și îi

[1] Joc de cuvinte în limba engleză, bazat pe asemănarea dintre *temper* (toane) și *temperature* (febră) *(n. trad.)*.

ținea departe pe cât putea de tovarășii lor de joacă. Se dovedise că Inez avea gripă, însă doctorul o considera un caz ușor.

Într-o dimineață, Cel Mic s-a trezit arțăgos. A dat bună dimineața mârâind atât de ursuz, încât Pollyanna i-a pus de îndată mâna pe frunte și i-a cerut să scoată limba. Apoi, încredințată că Cel Mic avea nevoie de bună-cuviință și nu de leacuri, i-a spus că salutul lui morocănos lăsa mult de dorit.

Cel Mic s-a foit, încurcat.

– Am spus bună dimineața. Vrei să spun grozavă dimineața?

– Cred că știi ce vrea mama, James cel Mic. Acum, când îi dai bună dimineața tăticului, încearcă să-i spui ceva frumos, pe deasupra.

Cel Mic a priceput, iar cinci minute mai târziu, când și-a întâlnit tatăl, s-a străduit curajos să-i urmeze sfatul mamei.

– Bună dimineața, tăticule. Să te ierte Dumnezeu.

– Măi să fie! a strigat Jimmy, uimit. Ce-am mai făcut acum?

A rămas oarecum bănuitor, deși Pollyanna l-a lămurit în pripă că neașteptata adăugire pornea din dorința Celui Mic de a-i face o urare.

Cel Mic a mâncat cu poftă, însă, mai târziu, s-a arătat mai ursuz ca niciodată. În ultimele zile, Pollyanna se îndepărta rareori de odaia copiilor și, trecând prin fața ușii, l-a auzit spunând:

– Judy, dacă aș cădea de pe masă, ai râde?

– Da, a răspuns Judy, gângurind înveselită.

– Poate o să mă doară groaznic, a strigat Cel Mic. Poate o să-mi rup mâinile și picioarele și o să-mi sparg toți dinții și o să-mi iasă un cucui și o să-mi curgă sânge din nas.

– Ce caraghioși sunt băieții când cad de pe masă! a chicotit Judy.

– Poate o să mor, a urlat Cel Mic cu disperare, apoi a început să plângă în hohote. Mamă, a răcnit el, Judy spune că o să râdă dacă cad de pe masă și mor.

Râsul Pollyannei a fost ultima picătură. Cel Mic s-a aruncat în brațele ei și a plâns de parcă își pierduse până și ultima fărâmă de încredere în neamul omenesc. Pollyanna l-a alinat, apoi a hotărât să-i măsoare temperatura. Ritualul nu se întâmpla prea des, căci se temea mai mult decât orice că micuții ei aveau să-și facă prea multe griji pentru sănătate. Dar Cel Mic a recunoscut de îndată ceremonia despre care vorbise Cornelia Hunt și, când mama i-a scos termometrul din gură, a întrebat nerăbdător:

– Am toane, mamă?

– Ah, doar câteva.

– Arthur Hunt are treizeci și nouă de toane. Am și eu tot atâtea, mamă?

– Vai de mine, nu!

Cel Mic a început să plângă.

– Netrebnicul de Arthur Hunt. Vrea să câștige de fiecare dată, a suspinat el. O să fac și eu treizeci și nouă de toane și o să-l bat de-i merg fulgii.

Pollyannei i s-au înmuiat picioarele. O asemenea îndărătnicie nu-i stătuse niciodată în fire Celui Mic, iar lacrimile lui arătau încă și mai limpede că nu-i mergea bine. A găsit o carte de povești îndrăgită și a început să-i citească din ea. Când i s-a urcat în brațe și și-a lăsat capul pe umărul ei nu a avut inima să-l dea jos, cu toate că era prea greu, iar ceilalți copii își arătau limpede nemulțumirea. Bebelușul șuiera ascuțit ca un fluier, iar Judy își privea fratele cu nemăsurat dispreț.

– Arăți tare rău, James cel Mic, l-a vestit ea. Ai picioarele prea lungi, nu-i așa, mămico?

Un ceas mai târziu, Celui Mic i-a crescut temperatura, cu toate că l-a dezamăgit să afle că nu atinsese cele „treizeci și nouă de toane" ale lui Arthur Hunt. Și-a recăpătat, însă, mândria când mama l-a îndemnat cu blândețe să meargă în pat. Mai întâi a găsit de trebuință să se încredințeze în privința unui lucru.

– Nu mă trimiți în pat pentru că m-am purtat rău, nu-i așa, mamă?

– Vai, nu, dragul meu! Cred că nu te simți tocmai bine, iar patul e un loc potrivit pentru bolnăviori.

– Patul meu moale, a încuviințat Cel Mic și s-a lăsat dus de acolo.

Puțin mai târziu, Pollyanna a telefonat doctorului, însă acesta fusese plecat cu treburi aproape întreaga zi și nu avea să-i primească mesajul decât la întoarcere. Când Jimmy s-a întors de la muncă, Jiggs scheuna la ușa din față, oprindu-se uneori ca să latre poruncitor, arătându-și astfel indignarea că fusese lăsat să aștepte. Jimmy i-a deschis ușa, iar el s-a năpustit înăuntru înaintea stăpânului și a urcat scările în goana mare. Judy și bebelușul se aflau în sufragerie, iar Jimmy le-a sărutat înainte să plece în căutarea Pollyannei. Pe scări i-a tăiat calea Jiggs, coborând rușinat. Dar Jiggs era un animal descurcăreț. Când Jimmy a trecut pe lângă el, s-a întors și a urcat iarăși, lipit de călcâiele stăpânului, de parcă ar fi făcut parte din umbra lui.

Pollyanna aștepta pe coridor, iar Jimmy s-a grăbit să-i dea o veste.

– Pe ușa casei din colț atârnă o pânză neagră. Nu era acolo azi-dimineață, așa că... dar ce s-a întâmplat?

Tocmai îi zărise chipul.

– Cel Mic e bolnav, a spus Pollyanna cu voce foarte joasă. Doctorul n-a izbutit încă să ajungă, deși i-am telefonat de două ori. Se pare că boala s-a răspândit peste tot, iar doctorii sunt cumplit de zoriți.

S-a întors repede către dormitor.

– Ia-l jos pe Jiggs, te rog, Jimmy, și ai grijă să nu mai urce până mâine. Pare să-l supere pe Cel Mic.

Abătut și ranchiunos, Jiggs și-a urmat stăpânul. Urcaseră doi, însă au coborât trei. În pas cu Jimmy mergea cea care avea să-i fie nedespărțită timp de zile întregi: umbra apăsătoare a Groazei.

CAPITOLUL XVIII

O femeie pizmașă

Boala cea gravă a transformat peste noapte viața familiei, de parcă un vrăjitor și-ar fi aruncat blestemul asupra ei. Toate grijile Pollyannei, mâncarea la ore potrivite, șervetele curate, rochiile fără pată pentru bebeluș, măturatul și ștersul prafului și-au pierdut într-o clipă întreaga însemnătate. Ce mai conta că mâinile lui Judy erau murdare, că luau cina cu o oră mai târziu și că un văl cenușiu de praf acoperea pianul din mahon lustruit? Totul se învârtea în jurul Celui Mic, iar problemele care numai cu o zi înainte ceruseră grabnică dezlegare s-au văzut dintr-odată uitate.

Nu izbutiseră să găsească o infirmieră. Epidemia le-o luase înainte, iar toate infirmierele fuseseră revendicate înainte să ceară și ei una. În adâncul sufletului, Pollyannei nu-i părea rău. Nu i-ar fi putut încredința unei alte femei locul de la căpătâiul Celui Mic, iar astfel nu se mai vedea nevoită să le dovedească tuturor că o infirmieră nu le era de trebuință.

Ca multe femei de dinaintea ei și multe care aveau să-i urmeze, criza i-a dat Pollyannei avânt mai presus de slabele ei puteri. Părea că primise o rezervă de energie de care se putea acum sluji după vrere. Dormea puțin, și totuși nu simțea nevoia de somn; mânca din datorie, dar nu râvnea mâncare; mai palidă decât de obicei și mai tăcută, cu glas ferm și fără să verse o lacrimă, trecea de la o zi la alta ca o ființă din oțel și electricitate.

– Nu știu cum are să poată îndura dacă băiatul nu scapă, i-a spus Jimmy doamnei McGill.

Jimmy însuși era ostenit și tras la față, iar vecina a băgat de seamă că-i tremura mâna mângâind părul bogat al bebelușului.

– E atât de tăcută și atât de stăpână pe sine, încât ar putea înșela pe oricine nu o cunoaște asemenea mie. Dar în spatele acestui calm...

– Da, firește, a murmurat doamna McGill. Femeile care plâng cu ușurință sunt mai norocoase.

A adăugat, cu blândețe:

– Nu trebuie să te temi prea mult pentru ea. Dacă se întâmplă ceva rău, e o femeie cu mare tărie de caracter și, de altfel, mai are doi copii.

– Nu par să mai conteze acum, a răspuns Jimmy trist, și nici eu. Aude bebelușul plângând și nici măcar nu mă întreabă ce o supără.

Vorbise fără amărăciune, însă un suspin i-a trădat durerea din inimă.

– Se dăruiește trup și suflet Celui Mic, l-a mângâiat doamna McGill. Dacă s-ar petrece vreun lucru rău cu unul dintre ceilalți, ai vedea că înseamnă pentru ea la fel de mult ca băiatul.

Doamna McGill le sărise în ajutor ca o soră sau cel puțin ca o prietenă veche. Sadie nu le putea fi alături, firește. Mătușa Polly era în Florida, iar mătușa Ruth căzuse bolnavă. Prin urmare, doamna McGill își încuia casa îndată după micul dejun și își dedica ziua vecinilor ei loviți de soartă.

Când Cel Mic a depășit recordul demn de invidie al lui Arthur Hunt, era prea bolnav ca să-i mai pese și a pierdut astfel pe vecie prilejul de a triumfa asupra rivalului. În prima zi de febră a vorbit fără încetare.

– Dacă aș avea o floricică albă, i-a spus mamei lui, aș presa-o și I-aș trimite-o lui Dumnezeu. Aș scrie pe o bucată de hârtie: de la Pendleton cel Mic, cu dragoste. S-ar bucura, nu-i așa?

– Foarte mult, a răspuns Pollyanna cu fermitate.

– Poate va trebui să rog o pasăre să I-o ducă, a murmurat Cel Mic. Sau, dacă păsările nu zboară îndeajuns de sus, crezi că îngerii vor găsi vreme să îndeplinească misiunea unui băiețel?

Pollyanna a spus că vor găsi, cu siguranță, însă, fără să mai aștepte răspuns, Cel Mic a schimbat vorba, cu glas răgușit și nefiresc.

– Lui Dumnezeu Îi place când sunt cuminte, nu-i așa, mamă? Și Îl mâhnesc când sunt rău.

Pollyanna a murmurat ceva în semn de încuviințare.

– Sunt rău mai mereu, iar Jack Horner e mai rău decât mine, la fel și Arthur Hunt. Dar n-ai să întâlnești băiat mai rău ca George Bailey. Spune-mi, mamă, de ce nu Se oprește Dumnezeu din făcut băieți răi?

Începând cu a doua zi, puhoiul de vorbe a contenit. Cel Mic era apatic, ridicându-se cu greu în capul oaselor ca să-și bea laptele sau să-și ia medicamentele. Jimmy, intrând tiptil în încăpere de îndată ce se întorcea de la muncă, îi privea chipul apatic cu durere în ochi. Afară, sub fereastră, Jiggs umbla fără odihnă înainte și înapoi, scheunând nefericit, de parcă înțelegea câte ceva despre lupta care se dădea în încăperea interzisă de la etaj. Iar Pollyanna, îndemânatică și tăcută, își veghea primul născut cu ochi arzători și fără urmă de lacrimă.

Apoi a sosit dimineața când Cel Mic nu s-a mai trezit ca să-și ia medicamentul, ci zăcea fără vlagă în brațele mamei lui. Doctorul istovit, sosind puțin după micul dejun, a spus că va reveni la prânz și, după a doua vizită, i-a făcut semn doamnei McGill să îl urmeze în camera de zi.

– Dacă micuțul își recapătă cunoștința și temperatura îi revine la normal, are o șansă la viață; dar nu cred că se va mai trezi vreodată din apatie.

Doamna McGill s-a cutremurat, iar doctorul s-a tras necăjit de barba scurtă și țepoasă.

– Îmi fac griji pentru mamă. E prea tăcută. Ceva o să se frângă în ea dacă mai continuă așa. Mă gândeam că o puteți sprijini cumva.

– Oare sunt eu Dumnezeu, ca să omor și să înviez? a citat doamna McGill cu amărăciune. Nimic nu o mai poate ajuta, decât însănătoșirea băiețelului.

– I-ar prinde bine să plângă, a spus doctorul. Nu-mi fac niciodată griji pentru pacienții care își ies din fire. Cu cât mai zgomotos urlă, cu atât mai puține griji îmi fac. Dar sărmana femeie... ei bine, faceți tot ce puteți pentru ea.

Jumătate de oră mai târziu, doamna McGill a urcat în odaia bolnavului. A ciocănit în surdină la ușă, deși știa că ar fi putut bate cu pumnul fără să trezească micuțul și a intrat fără zgomot. Pollyanna a privit către ea și de îndată, văzându-i groaza din ochi, doamna McGill a înțeles că propriul chip o trădase. A îngenuncheat grăbită lângă prietena ei. Pollyanna nu-și desprindea privirea de la Cel Mic. Ședea împietrită, iar mâna pe care doamna McGill o strângea între ale ei era rece ca gheața.

– Pollyanna, i-a spus, strigând-o pe nume pentru întâia oară, nu știi cât de mult te-am invidiat în ultima săptămână.

Vorbele ei veniseră pe neașteptate, atrăgându-i luarea-aminte Pollyannei. S-a întors către cealaltă femeie cu uimire pe chip.

– În... ultima... săptămână, a repetat ea, oprindu-se neîncrezătoare după fiecare cuvânt. M-ai invidiat pe *mine*?

– Da, draga mea. Câți ani are Cel Mic?

– Împlinește șase... Ah!

Pollyanna și-a curmat vorba, ducându-și mâna la inimă, de parcă ar fi săgetat-o un gând ascuns.

– M-ai rănit, a șoptit ea, cu buzele cenușii.

– L-ai avut vreme de aproape șase ani. De ce nu te-aș invidia, Pollyanna? Mi-aș da jumătate din viață pentru șase ani de dragoste, de veselie, de durere, de speranță și de planuri. Șase ani pe care să ți-i amintești și să-i retrăiești la bătrânețe, când prezentul nu mai înseamnă mare lucru. Iar eu ce am? a strigat ea. Pustietate! Pustietate! Femeile fără copii nu o duc chiar atât de ușor pe cât își închipuie alții. Cu mulți ani în urmă, am citit câteva versuri scrise de un bărbat și mi-am spus că o femeie trebuie să-i fi povestit ce simte. Îți amintești:

Cu cât mai tristă sunt

Că nu am prunc nici în mormânt...

În timp ce asculta, pe chipul Pollyannei se citeau numeroase schimbări.

– Ah, e adevărat, e adevărat, a șoptit ea. Pot să mă bucur că l-am avut, chiar dacă numai șase ani.

Apoi, pe neașteptate, lacrimile au început să-i curgă pe obraji. Suspine nestăvilite i-au cutremurat trupul, iar doamna McGill, prinzând-o în brațe, a suspinat și ea.

Au plâns mult timp împreună, fără să se clintească din loc, iar Pollyanna, ștergându-și lacrimile cu batista, nu a văzut când Cel Mic a deschis ochii. Apoi, când o voce slabă și răgușită a rupt tăcerea, inima i s-a oprit în piept.

– Mamă, a spus Cel Mic încet, dar deslușit, unde-i Jiggs?

CAPITOLUL XIX

Philip

După cum se întâmplă deseori când copiii sănătoși cad greu bolnavi, convalescența Celui Mic a trecut aproape miraculos de repede. Toată energia păstrată în trupușorul lui zvelt, toți anii de îngrijiri atente și de mișcare în aer liber i-au grăbit însănătoșirea. A devenit flămând, țâfnos, neastâmpărat, nerăbdător să alerge iar pe afară, arțăgos, poruncitor și, după cum credea Pollyanna, pe zi ce trece mai adorabil. Ușurată de chinul groazei, Pollyanna înflorea ca mlădițele primăvara. Străinii, trecând pe lângă ea pe stradă, întorceau capul ca să-i vadă chipul luminos.

De parcă ar fi călătorit în țări străine, afla de abia acum tot felul de vești pe care nimeni nu îndrăznise să i le dea în timpul bolii Celui Mic. Cu toate că Inez Richards nu le dăduse nici o clipă pricină de neliniște, se însănătoșea greu. Părea să-i fi rămas o infecție care-i nedumerea pe doctori.

– A fost un mare noroc, i-a spus Jimmy Pollyannei, că magazinul de suveniruri s-a dus de râpă tocmai atunci. În seara când ai dus-o pe Inez acasă, doamna Richards nu s-a întors până după miezul nopții, căci se hotărâseră să-și închidă afacerea. Richards crede că-și țineau socotelile cu atâta delăsare, încât multe cumpărături pe credit nici măcar nu fuseseră trecute la catastif. După cât se pare, mărfurile de pe factura mătușii Ruth fuseseră cumpărate de cineva căruia îi pierduseră urma. Făcuseră afaceri înfloritoare, însă Richards spune că, dacă le-ar fi mers puțin mai bine decât atât, l-ar fi ruinat. A fost nevoit să plătească câteva sute de dolari din buzunarul lui.

Însă cea mai cumplită veste i-a ajuns la urechi într-o dimineață, după ce bolnavul izbutise să se îmbrace în hainele de zi și se întorsese aproape cu totul la îndeletnicirile lui obișnuite. Când Pollyanna a coborât în bucătărie să-i ceară sfat lui Nancy în privința meselor zilei – care-și recâștigaseră însemnătatea –, Nancy a ascultat-o fără tragere de inimă. La cel dintâi prilej, a spus tulburată:

– Mă întreb ce-o să se aleagă de sărmanul băiețel. Îmi închipui că Dumnezeu îngăduie asemenea lucruri să se întâmple pentru o anume pricină, dar uneori mi-e greu să înțeleg ce are de gând.

– Despre ce băiețel vorbești, Nancy?

– Păi, cel cu ochi negri care l-a adus pe Jiggs acasă în toiul petrecerii. Rareori mai auzea și el câte o vorbă bună, iar acum până și Dumnezeu pare să Se fi mâniat pe sărmanul copil.

– Philip Lloyd, adică, a strigat Pollyanna. Ce s-a petrecut?

Apoi și-a amintit pe neașteptate că Jimmy vorbise de o nenorocire legată de familia Lloyd, în noaptea când Cel Mic se îmbolnăvise. În luptă cu propriile-i temeri, Pollyanna nu păruse să-l audă. Și, cu toate că nu se gândise nici o clipă la cuvintele lui, amintirea începea acum să prindă viață.

– Doar nu a murit cineva în casa aceea? a întrebat ea.

– Ba da, domnișoară Pollyanna. Mai întâi a murit tatăl lui, azi au agățat pânză neagră pentru ea, iar bietul sufletel a rămas singur pe lume. Cei care înaintează destul în ani pot să-și înfrunte mai ușor necazurile, dar nu-i drept să azvârli atâtea asupra unui copil, deloc, deloc.

Pollyanna a sărit în picioare.

– Stai cu ochii pe copii, Nancy, a spus ea. Mă duc până afară.

După cinci minute mergea cu pași repezi pe stradă, în timp ce Nancy stătea la fereastră, uitându-se după ea cu mândrie.

– Multora nici că le pasă de necazurile altora. Sau se trezesc că-și pierd pofta de mâncare, atât și nimic mai mult. Dar domnișoara Pollyanna nu stă cu brațele încrucișate, ci pornește de îndată să dea o mână de ajutor.

Servitoarea îngrijit îmbrăcată care a primit-o pe Pollyanna în casa de pe colț a întâmpinat-o cu o ușurare aproape de lacrimi.

– Sunteți doamna Pendleton, nu-i așa? a început ea, conducând-o către salon. V-am văzut trecând de multe ori pe lângă casă. Tare mă bucur că am pe cineva cu care să mă pot sfătui, căci, de una singură, mă dau de ceasul morții.

– Ai rămas singură cu Philip? a întrebat Pollyanna, iar la auzul vocii ei calme, femeia și-a mai pierdut din temeri.

Începuse să plângă, dar și-a înăbușit lacrimile și suspina numai, când și când, răsucindu-și în mâini șorțul.

– Da, doamnă, sunt singură și toate ajung la mine. Îmi vine să-mi dau cu pumnii în cap că sunt aici de la bun început. Știam eu că nu-i un loc bun pentru o fată crescută cuviincios. Se ciondăneau din zori și până-n seară. Nu că el ar fi ridicat mâna la ea vreodată, căci era un domn din cap până-n picioare. Dar nu trecea zi de la Dumnezeu fără să se sfădească și să se ocărască și să-și caute nod în papură. Iar ea se pornea pe plâns și ieșea, trântind ușa.

Pollyanna asculta cu tristețe.

– Dragostea învinge totul, trebuie să-și fi spus ei odinioară. Au azvârlit la o parte și cinste și respect și iubirea copiilor. Și, în nebunia lor, au găsit numai gâlceavă și ură, ca doi prizonieri înlănțuiți în aceeași temniță, până la sfârșitul zilelor.

– Știam eu că nu-i un loc potrivit pentru o fată crescută ca mine, a repetat servitoarea. Am vrut de trei ori să plec, chiar așa, iar ea a plâns și s-a văicărit și mi-a dat o cămașă și un șirag de mărgele, așadar ce era să fac? Și, pe de altă parte, nici n-am știut cât de rău mergeau lucrurile până să moară domnul Lloyd.

Și-a coborât tulburată vocea, iar Pollyanna a ascultat cu toată luarea-aminte.

– Doamnă Pendleton, pare că nici măcar nu s-au cununat. Nevasta lui n-a divorțat, iar lui nu i-a fost cu putință și nici nu și-a scris testamentul, așadar casa și tot ce-i în ea merge la nevasta cea adevărată și la copiii ei. Doamna Lloyd ar fi trebuit să-și închipuie că așa are să fie, dar nu s-a pregătit deloc pentru una ca asta. După ce partenerul de afaceri al domnului a stat de vorbă cu ea, nu și-a mai putut ține capul sus.

– Unde-i Philip?

– Undeva, prin casă. Ăsta-i alt necaz, doamnă Pendleton. Nu pot să plec mâine, după înmormântare, și să las copilul singur. Și nici măcar nu-i treaba mea să am grijă de el. Nu m-a mai plătit nimeni de două săptămâni.

Pollyanna s-a ridicat în picioare.

– Ce-ar fi să împachetezi hainele lui Philip, a spus ea, ca să fie pregătite dacă trimit după ele mai târziu. Îl iau cu mine acum.

– Mă bucur nespus, a suspinat fata. Îmi pare rău pentru bietul micuț. Nu-i un băiețel rău, doar cam ciudat, căci se joacă singur toată ziua, și puțin fricos. Cred că domnul Lloyd nu putea să-l înghită. Doamna Lloyd îl adora, dar asta nu o împiedica să-i vorbească răutăcios în zilele când avea toane.

A ridicat glasul, strigând:

– Philip! Philip!

După ce și-a repetat chemarea de câteva ori, fără să primească vreun răspuns, au pornit amândouă în căutarea băiatului. L-au găsit zăcând cu fața în jos pe canapeaua din camera alăturată, cu pumnii strânși și trupul încordat. Pollyanna s-a aplecat asupra lui.

– Philip, sunt mama lui Pendleton cel Mic. Vreau să te ridici acum și să vii cu mine.

A crezut mai întâi că nu avea să o asculte, dar un fior i-a scuturat dintr-odată trupul. S-a rostogolit de pe canapea, s-a ridicat încet în picioare și s-a întors către ea fără să-și ridice privirea. Pollyanna s-a cutremurat văzând cât de mult putea să schimbe teroarea chipul unui copil.

Fata i-a adus paltonul și galoșii și l-a ajutat să se îmbrace, în timp ce Philip se supunea fără murmur. Apoi Pollyanna l-a prins de mânuța rece și l-a scos din casa care ofensase strada Elsinore atâta amar de vreme. Philip își târa picioarele alături de ea, tăcut și cu privirea în pământ, iar Pollyanna a înțeles cu milă profundă cât de neajutorat se simțea. Oricine i-ar fi întins mâna, spunându-i: vino, era nevoit să-l urmeze.

Pornise, cum era și firesc, către casa ei; însă, când a ajuns la colț, a simțit împunsătura unui imbold pe care nici o femeie nu l-ar fi nesocotit. Nu s-a oprit la ușa casei ei, ci a cotit pe alee. Philip a șovăit, a tras-o puțin de mână, apoi a urmat-o cu pași rari. Și așa, ținându-l strâns, l-a adus la ușa doamnei McGill.

Doamna McGill, mișcându-se prin casă cu pași siguri și repezi, a dat cu ochii de ei și a deschis larg ușa înainte ca Pollyanna să apuce să bată. Zâmbetul de bun-venit i-a pierit de pe buze când a zărit chipul îndurerat al copilului.

– Philip, a spus Pollyanna, arătând către încăperea alăturată, intră și stai jos. Vreau să vorbesc cu doamna McGill.

Philip s-a supus, poticnindu-se. S-a așezat stângaci pe scaunul din colț, cu picioarele întinse în față și brațele atârnându-i fără vlagă. L-ai fi putut crede o păpușă dezmembrată, dacă n-ai fi văzut chipul trist de deasupra trupușorului împietrit.

Pollyanna și-a coborât glasul, ca să n-o poată auzi copilul.

– Știi că tatăl lui a murit acum trei săptămâni, iar mama lui, ieri. E singur pe lume și nimeni nu-și ia răspunderea lui. Fata în casă tocmai mi-a spus că părinții lui nu s-au căsătorit niciodată, iar moștenirea va ajunge la soția după lege a domnului Lloyd. Partenerul de afaceri al domnului Lloyd are, poate, vreun plan în privința copilului, însă, chiar și așa, nu a amintit despre asta.

Doamna McGill țintuia cu privirea micuțul oropsit din încăperea alăturată, dar nu a scos un cuvânt.

– Cred că-i va fi nespus de greu să-i găsească o casă, a urmat Pollyanna cu glas de taină. Oamenii se vor teme de moștenirea lui, cu toate că în moștenirea oricui răul se împletește întotdeauna cu binele și mi se pare o neghiobie să-i dai atât de multă însemnătate. Firește că familia lui a lăsat de dorit. Servitoarea spune că mama și tatăl se sfădeau cumplit; însă cei care nu-și țin în frâu pasiunea nu-și vor putea înfrâna nici furia, așa că nu-i de mirare. Și, la urma urmei, Philip e doar un copil.

Doamna McGill încă nu rupsese tăcerea și, în ciuda imboldului ce o condusese acolo, Pollyanna s-a lăsat cuprinsă de neliniște.

– Voiam să-l iau acasă, cu mine, apoi m-am întrebat dacă fac ceea ce trebuie. Cel Mic e încă suferind și țâfnos și nu știu dacă i-ar fi gazdă bună unui copil care a trecut prin atâtea nenorociri.

– Draga mea, a strigat doamna McGill, trezindu-se dintr-odată din amorțeală, firește că nu puteai să-l iei acasă, tu, care nu ai nici o clipă de răgaz după săptămânile acelea îngrozitoare. Ai făcut ce trebuia când l-ai adus la mine.

– Înmormântarea e mâine la ora zece, a șoptit Pollyanna. Mă gândeam să-l duc eu...

– Te însoțesc, a spus doamna McGill cu hotărâre, apoi a urmat, suspinând: Sărmana femeie...

– Cred că-l vom întâlni acolo pe partenerul de afaceri al domnului Lloyd, iar el va ști mai bine decât oricine ce ne rămâne de făcut cu Philip. I-am spus servitoarei să-i împacheteze lucrurile. Iar acum trebuie să fug. Am să-ți bat la ușă mâine, puțin înainte de zece.

– Da, a spus doamna McGill. Vom fi pregătiți.

A intrat în încăperea în care se afla Philip, iar Pollyanna a rămas în pragul ușii de la intrare, privindu-i. Băiețelul nu părea să-i simtă apropierea.

– Ridică-te, Philip, și lasă-mă să-ți scot paltonul, a spus doamna McGill cu blândețe. E prea cald ca să rămâi îmbrăcat în palton, nu-i așa?

Philip nu i-a răspuns. Dar a coborât de pe scaun și s-a lăsat dezbrăcat ca manechinul unui croitor.

– Ai sosit tocmai la vreme să mă ajuți, a urmat grăbită doamna McGill. Nu mi-am hrănit peștii astăzi și am de gând să te las pe tine în locul meu. Peștișorii sunt neînchipuit de lacomi. Dacă le arunci o firimitură în apă, se reped cu toții să o înhațe. Ce-ai să mai râzi când îi vei vedea...

Philip și-a ridicat chipul, iar doamna McGill l-a privit adânc în ochi. Apoi, pe neașteptate, băiatul a început să suspine. Erau suspine adânci, sfâșietoare, care îi zguduiau trupul cu cruzime, fără a-i aduce ușurarea lacrimilor. Doamna McGill a scăpat paltonul din mâini cu un strigăt și a prins copilul în brațe. S-a așezat pe scaunul de pe care Philip tocmai se ridicase și l-a strâns la piept ca pe un bebeluș. Philip și-a lăsat capul pe umărul ei și a suspinat fără oprire, în timp ce ea îi fredona, mângâietor:

– Sărmanul micuț! Scumpul micuț! Haide, haide, totul va fi bine.

Pollyanna s-a furișat afară tiptil și s-a întors acasă cu nemăsurată mulțumire de sine.

CAPITOLUL XX

O dimineață de primăvară

Era o zi desăvârșită de primăvară. Soarele ardea, însă vântul își păstrase o răcoare plăcută, dovedind că iarna se sfârșise de scurtă vreme. Lalelele și zambilele înfloriseră, făcând de rușine codașii din grădină, care de abia începuseră să-și dezmorțească mădularele în dormitoarele lor întunecoase, întrebând somnoroși: „Oare chiar a sosit timpul să ne trezim?" Iar sus, în magazie, cu ferestrele deschise, lăsând să pătrundă aer înmiresmat cât putea casa cuprinde, Pollyanna împacheta hainele de iarnă în naftalină, cântând.

Judy urcase gâfâind cele două rânduri de scări în căutarea dreptății. Nu izbuteau să-și împartă frățește leagănul nou, care trona plin de splendoare în curtea din spate. Și-a uitat însă jalba când forfota din magazie i-a trezit luarea-aminte și a măsurat din ochi pastilele de naftalină.

– Sunt bune de mâncat, mămico?

– Vai, nu! Te-ai îmbolnăvi. Ai făcut bine să o întrebi pe mama. Să nu guști nimic din ce nu cunoști fără să o întrebi mai întâi pe mama.

Judy a mirosit naftalina, apoi a strâmbat din nas cu dezgust.

– Nu-s bune bomboanele, a declarat ea. Am să le-arunc pe fereastră.

– Nu, Judy, nu sunt bomboane. Mama le folosește să alunge moliile.

– Ce-i aia molii?

Numai o mamă ar fi putut socoti că se ivise prilejul potrivit pentru o lecție de entomologie. Pollyanna i-a explicat răbdătoare, împachetând haine și rânduindu-le în cufăr.

– Moliile sunt niște insecte care își fac cuib în locuri calde, într-o blană, de pildă. Apoi copiii lor rod găuri în blană și o strică.

– Au ros găuri în covorul de blană al lui Lizabeth Hunt? a vrut Judy să știe, cu ochi mari și rotunzi.

Pollyanna și-a amintit de covorul alb de blană care atârnase pe frânghia de rufe a familiei Hunt cu câteva zile înainte și din care, judecând după aparențe, se ospătaseră generații întregi de molii, căci mai multe petice de mărimea unor farfurii de supă cheliseră cu totul.

– Da, a spus ea, mulțumită că primise dovada isteţimii lui Judy, moliile au stricat covorul acela frumos de blană și de aceea mama împachetează hainele noastre de iarnă cu atâta grijă.

– Dar, mămico...

Judy nu a apucat să termine ce avea de spus, căci tocmai atunci o voce puternică a strigat, de jos:

– Pollyanna, Pollyanna Pendleton, cât ești de ocupată?

– Nu atât de ocupată încât să nu-mi rămână timp pentru tine, Anne McGill, a strigat la rândul ei Pollyanna.

Prietenia pe care o înnodaseră cu mai multe luni în urmă peste gardul dintre cele două case crescuse atât de repede în timpul bolii Celui Mic, încât nu mai avea nici o noimă să-și vorbească atât de ceremonios.

– Nu urca, a adăugat Pollyanna. Cobor eu într-un minut.

A așezat în cufăr unul dintre nenumăratele compartimente răspândite prin încăpere, a închis capacul și a coborât scările în goană. Judy a urmat-o cu mai multă stăpânire de sine, așa cum i se potrivește cuiva adâncit în gânduri de mare însemnătate.

Doamna McGill se schimbase oarecum de la prima lor întâlnire. Însuflețirea ei ascunsese mereu o umbră de neliniște. Uneori, veselia ei păruse silită. Dar, în acea dimineață, înfățișarea nu-i mai trăda amărăciunea ascunsă. Pofta ei de viață nu mai era doar o prefăcătorie.

Băiatul care o însoțea se schimbase și mai izbitor din ziua în care Pollyanna îl văzuse pentru întâia oară. Tristețea îi dispăruse de pe chip. O putere binefăcătoare îl prefăcuse într-un băiețel descurcăreț și năstrușnic, chipeș, dar cu totul obișnuit. Dând cu ochii de Pollyanna, s-a repezit în întâmpinarea ei și i-a îmbrățișat genunchii, gata să o dărâme.

– Mătușă Pollyanna, a strigat el, am un nume nou.

Privirile celor două femei s-au întâlnit într-o conversație mută.

– E minunat, Philip! a strigat Pollyanna, aplecându-se să-i întoarcă îmbrățișarea.

– Mă cheamă Philip McGill acum și, dacă Jack Horner spune că nu-i așa, am să-i trag o mamă de bătaie.

– Cel Mic n-are un nume nou. Dar are un leagăn nou. Unchiul John Pendleton i l-a trimis ieri din oraș.

Philip a pornit în goană spre ușă, apoi și-a amintit ceva și s-a oprit pe neașteptate.

– Pot să mă joc cu Cel Mic, mamă?

– Bineînțeles, fiule, i-a răspuns doamna McGill.

Zâmbetul i-a pierit de pe buze abia după ce Philip a ieșit, trântind ușa. Atunci i-a aruncat Pollyannei o privire încărcată de emoții potrivnice, împletite atât de strâns, încât era cu neputință să le deosebești.

– Ei bine, a oftat ea, am făcut-o. Mă simt de parcă aș fi sărit din vârful unei stânci. Mă întreb cum va fi când ating pământul.

Pollyanna a râs.

– Doar nu vrei să cred una ca asta. Nu pari neliniștită deloc.

– Poate că exagerez puțin. Cu adevărat, Pollyanna, mă bucur nespus de mult, dar mă și tem.

Toți prietenii îmi spun că mi-am asumat un mare risc.

– Firește că e un risc, a strigat Pollyanna. Ce anume nu e? Chiar și căsătoria. Câți oameni și-au câștigat averile investind într-o afacere care nu poate da greș? Și-au încercat cu toții norocul, nu-i așa? Păi, până și copiii pe care i-ai născut chiar tu sunt un risc, ca toate lucrurile de preț. Așa-i viața.

– Unii prieteni îmi spun, a urmat doamna McGill, că, deși Philip pare cuminte acum, s-ar putea dovedi greu de strunit când mai crește.

– Poate că așa va fi, a recunoscut Pollyanna. Nici măcar copiii mei nu mi se supun întru totul, și mă bucur pentru asta. Mă bucur că mă țin cu ochii în patru, mă bucur că îmi dau mereu de gândit. Mă bucur că voi avea nevoie până și de ultima fărâmă de dragoste, de răbdare, de înțelepciune și de îndemânare ca să-i ajut să devină bărbați și femei desăvârșiți. Mă bucur, deoarece înseamnă că au personalitățile lor și nu sunt ca niște foi de sugativă, absorbind ideile altora. Unii copii sunt la fel de ușor de prevăzut ca tabla înmulțirii și mă bucur că nu sunt ai mei.

– Fii binecuvântată, femeie optimistă! a strigat doamna McGill, uitându-se la ea cu afecțiune. Dacă te muți vreodată de aici, am să te urmez chiar și până la capătul pământului. Poate îți închipui că șovăi din frică, dar, când toți prietenii își pun mâinile în cap și te întreabă de ce, pentru numele lui Dumnezeu, vrei să-ți dai pacea și tihna pe nesiguranță și pe muncă grea, sământa în-doielii începe să îți încolțească în suflet.

– Întreabă-ți prietenii de ce încearcă oamenii să urce muntele Everest și să ajungă la Polul Nord. Dacă-și doresc numai tihnă, cel mai tihnit lucru pe care-l cunosc este să te întinzi în pat și să mori. Când sunt bolnavă, și-a amintit ea, nu-mi place deloc să primesc lapte și supă de pui și alte mâncăruri ușor de mistuit. Vreau ceva din care să pot mușca.

– Și refuzi să-ți pară rău că zilele de tihnă au trecut și nu știu ce mă așteaptă de acum înainte?

– Ai pornit în cea mai mare aventură a vieții, a spus Pollyanna. Te felicit.

Doamna McGill a râs, apoi, pe neașteptate, ochii i s-au umplut de lacrimi.

– Ți-am spus toate acestea, a exclamat ea, pentru că voiam să mă ajuți, ca întotdeauna. Însă, știi, Pollyanna, n-aș fi putut lua altă hotărâre. Din ziua în care mi l-ai adus, un băiețel părăsit și înspăimântat, mi-a umplut golul din suflet. Pentru nimic în lume nu l-aș fi putut lăsa să plece.

S-a uitat bănuitoare la prietena ei.

– Nu cumva asta ai vrut de la bun început?

Înainte ca Pollyanna să-și poată recunoaște sau tăgădui vinovăția, i-au tăiat vorba doi băieței sosind cu sufletul la gură. Ca întotdeauna, Cel Mic a avut primul cuvânt.

– Mamă, Philip vrea să se joace de-a tramvaiul în leagăn, iar el să fie taxatorul; dar eu vreau să mă joc de-a avionul, iar eu să fiu pilotul. Nu-i avionul mai grozav decât tramvaiul, mamă?

– Nu crezi, i-a propus Pollyanna, zâmbindu-i, că ar fi mai frumos să vă jucați cum vrea Philip, că doar e oaspetele tău? Apoi, când vei fi tu oaspetele lui, te va lăsa să te joci cum vrei tu.

Cel Mic a cugetat și a văzut că propunerea era înțeleaptă.

– Philip, a strigat el, întorcându-se către musafir, ce-ar fi să mergem la tine acasă?

Pricina a fost descurcată în cele din urmă cu diplomație de către cele două mame, iar băieții s-au întors mulțumiți la joacă.

– Nici eu nu vreau să mă întorc acasă, a spus doamna McGill, înconjurându-i Pollyannei umerii cu brațul. Ce făceai la sosirea mea?

– Așezam hainele de iarnă în cufere.

– Ah, dă-mi voie să te ajut. M-aș bucura mult.

– Iar eu m-aș bucura să rămâi cu mine! a strigat Pollyanna. Nu mă sinchisesc de muncile grele, dacă îmi ține cineva tovărășie. Le-am invidiat mereu pe femeile acelea străine, care își duc rufele la același râu și se distrează de minune spălându-le.

Sporovăind veselă, Pollyanna a urcat scările, însă, înainte să ajungă la al doilea etaj, s-a oprit și s-a uitat nehotărâtă în jurul ei.

– Ce s-a întâmplat? a întrebat doamna McGill, venind în urma ei.

– Ciocănitul acela ciudat. Nu l-ai auzit? Vine din odaia copiilor, fără doar și poate. Ar fi bine să aflu ce pun la cale.

Dar odaia copiilor s-a dovedit neobişnuit de tihnită. Bebeluşul, adăpostit în ţarc, vâra piciorul grăsun al unui ursuleţ de pluş într-un pantof mititel de păpuşă şi era atât de cufundat în strădaniile lui, încât nu a băgat de seamă sosirea mamei. Judy se juca şi ea liniştită, după cum făcea deseori când Cel Mic nu se afla prin preajmă. Pollyanna îşi spusese deseori că mamele cu un sigur copil ghicesc cu mult greu cum se vor descurca micuţii lor printre oameni, după atâta singurătate. Au zăbovit sărutând bebeluşul şi încredinţându-se că vopseaua nu se cojise de pe o jucărie ţipătoare din lemn; însă, când au urcat pentru a doua oară scările care duceau către pod, au auzit iar ciocănitul misterios.

– Pentru numele lui Dumnezeu, Pollyanna! a exclamat doamna McGill, cu glasul trădându-i spaima. De unde vine zgomotul acela ciudat? Doar nu-i o stafie!

Pollyanna a dat ocol întregului etaj şi s-a oprit în magazie, unde zgomotul care le trezise atâta nedumerire părea să răsune cel mai puternic. Însă sunetele s-au dovedit înşelătoare. Cu toate că se auzeau mai bine în magazie decât în oricare altă parte a casei, pricina lor rămânea greu de găsit. Erau înăbuşite, neregulate, însă uimitor de clare.

– Un exorcist ne-ar lămuri în privinţa lor fără prea mare bătaie de cap, a declarat doamna McGill, uitându-se uluită în jur. Am crezut dintotdeauna că ar fi nemaipomenit de palpitant să locuiesc într-o casă bântuită.

Pollyanna a râs, dar în glas i se citea oarecare ciudă.

– Anne, în loc să vorbești prostii, mai bine folosește-ți discernământul și ajută-mă să aflu de unde vine hărmălaia asta.

– Un șobolan jucând șotron ar face zgomote asemănătoare, a cugetat doamna McGill. Crezi că-i un șobolan, Pollyanna?

– N-am văzut nici măcar un șoricel în casă, nemaivorbind de șobolani, a răspuns Pollyanna, luându-i cuvintele în serios. O pun pe seama principiilor etice ale lui Sin. Firește că-l hrănim prea mult ca să mai prindă, pe deasupra, și șoareci. Zgomotul nu pare să vină din pereți.

– Nu-i în pereți, a spus doamna McGill fără urmă de îndoială. Poate ar fi mai bine să te uiți la obloane. N-am întâlnit obloane care să facă asemenea zgomot, iar vântul nici măcar nu adie. Dar nici măcar vânătorii de fantome nu pretind că au găsit o stafie, până nu dovedesc că nu poate fi nimic altceva.

– Nu cred că sunt obloanele, a declarat Pollyanna, dar a mers totuși la fereastră.

Apoi un strigăt sfâșietor, amintind de un bebeluș supărat foc, a oprit-o din drum. Strigătul era înăbușit, asemenea zgomotelor și, cu toate că îl auziseră limpede, nu părea să fi venit de undeva anume. Doamna McGill și-a înghițit un țipăt de groază, încercând să pară netulburată, în timp ce Pollyanna se uita cu frenezie în jur.

Când a dat cu ochii de grămada de naftalină, a văzut de îndată că scăzuse mult. Fără să știe măcar de ce, s-a năpustit asupra cufărului în care, cu puțin timp în urmă, împachetase paltonul lui Jimmy și i-a smuls capacul. Compartimentul de sus a început de îndată să se zbuciume. Pollyanna a tras compartimentul afară, iar din el a țâșnit un pisoi cu pete albe și negre, saltul lui întrecând marginea cufărului mai bine de două picioare[1].

Înfățișarea lui era încă și mai cumplită, căci i se zbârlise până și cel mai mic fir de blană, iar coada, mai cu seamă, prinsese măsura unui pămătuf de șters praful. Scuipând înjurături pisicești, a traversat camera dintr-o săritură și a zbughit-o pe scări în jos, sfidând orice urmărire.

– Sin! a icnit Pollyanna, uitându-se cu ochi mari după animalul cel răsfățat, care părea să fi căpătat toanele unui tigru capturat nu demult. Sfinte Dumnezeule, cum a ajuns sărmanul Sin...

– Mămico, s-a auzit glasul mustrător al lui Judy, l-am pus pe Sin în cufăr cu niște bomboane rele, ca să nu roadă moliile găuri în el ca în covorul lui Lizabeth Hunt. De ce i-ai dat drumul, mămico?

---

[1] Unitate de măsurare a înălțimii echivalentă cu 30 cm *(n. trad.)*.

CAPITOLUL XXI

Descoperiri

Telefonul i-a trezit din somn la orele două din noapte, iar Pollyanna a petrecut câteva minute de neliniște, în timp ce Jimmy s-a împleticit pe coridor, prea somnoros sau prea tulburat ca să aprindă lumina. Cei care spun că vestea rea te ajunge repede își închipuie că prietenii lor pot aștepta o veșnicie până să le afle norocul, însă nenorocirile nu rabdă nici cea mai mică amânare.

Pollyanna, șezând în capul oaselor și ascultând cu inima cât un purice, s-a liniștit auzind cum primea Jimmy vestea.

– Bună treabă, prietene, și-a lăudat el interlocutorul. Ține-o tot așa!

Apoi, după un minut:

– Poți să te bizui pe asta. Doar știi că n-ar sta departe decât dacă aș ține-o sub cheie.

Receptorul a țăcănit, apoi Jimmy s-a întors, chicotind.

– A mai apărut un James Carew pe lume, i-a spus el Pollyannei. Opt livre[1] și un sfert, și totul

[1] Unitate de măsurare a greutății echivalând cu 453,6 gr *(n. trad.)*.

aşa cum trebuie. Fireşte că, pentru o veste atât de importantă, nu putea aştepta până se crapă de ziuă.

– Mă bucur că nu a aşteptat, a spus Pollyanna. Merită să te trezeşti la vestea că s-a născut copilul lui Sadie şi că Sadie se simte bine. Mă întreb, a continuat ea pe gânduri, dacă vor să-l strige Jamie sau Cel Mic sau James sau Jimmy. O alegere însemnată, nu-i aşa, dragă?

Dar Jimmy, îngropându-şi capul în pernă, nu s-a lăsat ademenit, oricât de fascinant ar fi fost subiectul.

Pollyannei nu i-a fost greu să ghicească despre cine vorbise Jimmy când dăduse de înţeles că va fi nevoit să se folosească de forţă ca să ţină pe cineva departe de ceva. I-a întărit spusele însoţindu-l a doua zi la oraş, ca să cunoască bebeluşul şi să-l felicite pe tatăl care, ca alţii de felul lui, părea să se mândrească pentru ceea ce se petrecuse puţin mai mult decât ar fi fost îndreptăţit. Câteva zile mai târziu a văzut-o pe Sadie care, strălucind de fericire, a declarat că se simte în stare de orice.

– E limpede că Sadie va fi, ca mamă, aşa cum a fost ca soţie, i-a spus Pollyanna lui Jimmy. Cu totul devotată minunatului ei fiu. Iar lui Jamie îi va prinde bine. Are nevoie să fie trecut cu vederea când şi când.

– Poate că din această pricină am ajuns un bărbat desăvârşit, a declarat Jimmy cu modestie. Cine a fost trecut cu vederea mai mult decât mine?

Și-a scuturat capul de parcă durerea lui nu putea fi pusă în cuvinte, iar Pollyanna a râs fără milă.

Când l-a întâlnit din nou pe Jamie, Pollyanna s-a speriat văzând că studia arborele genealogic al familiei Wetherby.

– Vreau să aflu din ce fel de oameni s-a născut micuțul meu nou-venit, i-a spus el. Mă interesează mai mult de dragul lui, decât de al meu.

– Păi, n-am avut niciodată plăcerea să-i cunosc strămoșii, a răspuns Pollyanna zâmbind, dar socotesc că e foarte norocos cu asemenea părinți.

Oricât de vesel i-ar fi fost glasul, întâmplarea o neliniștea. Și, când i-a povestit lui Jimmy, a adăugat:

– Mi-aș dori ca miniatura aceea să se fi aflat în mâinile mătușii Ruth.

– Mereu faci din țânțar armăsar, a răspuns Jimmy sec.

Miniatura pricinuise una dintre rarele lor ciondăneli. Într-una din zile, pe când Sadie și Jamie călătoreau prin Europa, Jimmy se întorsese acasă în culmea fericirii, arătându-i Pollyannei o miniatură de modă veche, în ramă bătută cu perle. Din ea privea o frumusețe din secolul trecut, iar Pollyanna, care o mai văzuse și înainte, s-a uitat la soțul ei uimită peste măsură.

– Jimmy, de unde o ai?

– Parcă te-ai teme că am furat-o, dragă. Nici vorbă de una ca asta.

– Dar e străbunica mătușii Ruth!

– Și stră-străbunica mea. Așa că mătușa Ruth tocmai mi-a dăruit-o.

Din vocea Pollyannei răzbătea groaza, și nu bucuria.

– Vai, dacă află Jamie vreodată...

– Aș spune că mătușa Ruth a făcut destule pentru Jamie. Ar fi nelalocul lui să-mi poarte pică pentru atâta lucru.

– Nu-i vorba despre asta, Jimmy. E o moștenire de familie. Dacă Jamie vede că mătușa Ruth ți-a dăruit-o ție, va ști că nu-l crede nepotul ei.

Jimmy a tras aer adânc în piept.

– Pe legea mea, ai dreptate! a recunoscut el. Dar ce era să fac? Doar nu puteam să spun nu când mi-a oferit-o. Și, oricum, nici nu m-am gândit la ce se poate întâmpla.

Pollyanna s-a uitat la chipul lui mâhnit și l-a mângâiat pe braț cu afecțiune.

– Îmi pare rău că-ți stric bucuria, dragă, dar nu mă pot împiedica să mă tem puțin. Cu cât îmbătrânesc, cu atât urăsc secretele astea. Se poate întâmpla o nenorocire în orice clipă. Închipuie-ți cum ar fi să afle după atât amar de ani...

– Doamne Dumnezeule! a protestat Jimmy. Firește că nu vrem să se întâmple una ca asta. Am să o încui în seif – a mai rămas destul loc. Mă tem să nu o supăr pe mătușa Ruth dacă i-o înapoiez. Și, de altfel... păi, știi doar că doamna aceea *chiar* e stră-străbunica mea. Am sacrificat atâtea de dragul lui Jamie; dar, pe legea mea, n-am de gând să renunț și la asta.

Pollyanna s-a uitat la el cu mândrie.

– Jimmy, a spus ea, ești cel mai generos om din lume.

Îi vorbise cu atâta convingere, încât Jimmy a simțit că, alegând să își piardă moștenirea ce i se cuvenea de drept, soarta îl răsplătise cum nu se putea mai mulțumitor.

Dar miniatura, ascunsă în seiful dintr-o bancă din Boston, era menită să le pricinuiască necazuri. Când bebelușul a împlinit șase săptămâni, mătușa Ruth a plănuit o cină în familie, cu Pollyanna și Jimmy în chip de oaspeți. Mâncaseră câteva feluri fără ca nimic să le tulbure veselia, când, pe neașteptate, Jamie a pus o întrebare nevinovată.

– Mătușă Ruth, unde-i miniatura stră-străbunicii?

Dacă ar fi avut timp să plănuiască un răspuns, nenorocirea ar fi fost ocolită cu ușurință. Mai târziu, când Pollyanna s-a gândit pe îndelete, a găsit o duzină de răspunsuri care ar fi potolit bănuielile lui Jamie fără să pună adevărul în joc. Însă întrebarea a luat-o pe doamna Pendleton pe nepregătite. Nu crezuse că Jamie dăduse vreodată însemnătate miniaturii și, văzând că darul ei pentru Jimmy pusese în primejdie secretul păstrat cu atâtea sacrificii, și-a pierdut cumpătul. S-a uitat la el fără să scoată vreo vorbă.

– Știi despre care vorbesc, nu-i așa? a întrebat Jamie, după o tăcere atât de lungă, încât Pollyanna a simțit imboldul să urle. Miniatura aceea veche, în ramă bătută cu perle. Mă gândeam că micul meu James aduce puțin cu distinsa lui strămoașă și voiam să-l compar cu portretul, ca să văd dacă nu e cumva doar o închipuire.

Și totuși, doamna Pendleton nu i-a răspuns nimic, iar Pollyanna a văzut cu spaimă că se albise la față. Trăgând cu ochiul la Jimmy, a descoperit că se înroșise la față de parcă furtul nenorocoasei miniaturi îi împovăra conștiința.

Pollyanna a încercat vitejește să creeze o diversiune, spunând:

– Unchiule John, mi-e rușine că sunt atât de flămândă, dar aș mai mânca puțin pui.

Însă vorbise prea târziu. Privirea lui Jamie a trecut de la fața lui Jimmy, roșie ca focul și plină de vinovăție, la chipul palid al mătușii Ruth.

– Ce s-a întâmplat cu miniatura? a cerut el să știe cu glas poruncitor.

Ca vrăjită, doamna Pendleton i-a răspuns:

– I-am dăruit miniatura... lui Jimmy.

– Lui Jimmy! De ce, pentru numele lui Dumnezeu...

– Pe legea mea, Jamie, i-a tăiat vorba John Pendleton cu asprime, nu ai nici un drept să-ți iei la rost mătușa doar pentru că i-a făcut lui Jim un dar.

Dacă plănuise să pună capăt discuției dând vina pe Jamie, nu a izbutit, căci Jamie s-a întors spre el cu chipul aproape de nerecunoscut.

– Nu-mi pasă câte daruri îi dă lui Jim, domnule, dar trebuie să recunoști că a făcut o alegere curioasă. E fotografia străbunicii ei. Ar trebui păstrată în familie. I se cuvine, de drept, nepotului ei.

Era cumplit de adevărat, iar toți au rămas fără cuvinte. Pollyanna îi era recunoscătoare domnului Pendleton că nu-i mai servise încă o porție de pui, căci nu ar mai fi putut mânca nici o îmbucătură din cina gustoasă. Sadie, palidă și zdruncinată, privea cu spaimă și fascinație chipul schimbat al soțului ei. Mătușa Ruth părea aproape de leșin. Unchiul John se încrunta, iar Pollyanna citea pe fața lui Jimmy că își dorea să-i fi dat ascultare. Cu toții așteptau următoarea mișcare a lui Jamie.

Le-a vorbit cu o încetineală îngrozitoare.

– Înclin să cred că îmi ascundeți un secret.

S-a uitat necruțător la doamna Pendleton.

– Ai vreo veste despre nepotul tău pierdut care nu a ajuns și la urechile mele?

– Jamie, fiul meu drag...

– Nu, stai o clipă!

Glasul îi era aspru și nefiresc.

– Nu sunt fiul tău. Sunt fie nepotul tău, sau, dacă nu, un cerșetor pe care l-ai crescut din milă. Care să fie?

– Vai, Jamie, pentru numele lui Dumnezeu, liniștește-te. Vorbește-i, John. Spune-i că..

Mătuşa Ruth a izbucnit în plâns, neputând să mai urmeze. Dar Jamie îşi întorsese privirea către chipul tulburat al lui Jimmy.

– Cred că văd o oarecare asemănare, a spus el. Mă tem că îţi datorez scuze, Jim.

Cina de familie eşuase lamentabil. Tremurând din toate încheieturile, Sadie a sărit în picioare, în timp ce Jamie s-a ridicat, a înşfăcat cârjele sprijinite de zid şi i-a vorbit doamnei Pendleton cu o amărăciune abia ascunsă de cerinţele bunei cuviinţe:

– Vă rog să mă scuzaţi. Cum e o cină de familie, nu am nici un drept să mă aflu aici.

– Jamie, a gemut doamna Pendleton, doar nu vrei să-mi frângi inima?

– Nu mă îndoiesc, a spus Jamie ţeapăn, că nepotul tău va izbuti să te consoleze.

Şi-a luat cârjele la subsuoară şi a pornit spre uşă. Sadie s-a repezit către el, însă Jamie a oprit-o cu un gest.

– Dacă nu-ţi e cu supărare, a spus el, aş vrea să rămân singur o vreme. Adevărul e că te-am luat de soţie prin înşelăciune. Copilul nostru nu e descendentul uneia dintre familiile de vază din America, ci al unui hoinar fără nume. Lasă-mi, te rog, răgaz de cugetare.

– Jamie! a suspinat Sadie, dă-mi voie să te însoţesc! Dă-mi voie!

Dar, când Jamie a plecat fără să-i răspundă, şi-a întors chipul chinuit către ceilalţi.

– Nu ne va ierta niciodată, a strigat ea, frângându-și mâinile. Pe nici unul dintre noi!

Mila pe care Pollyanna o simțea pentru prietenul ei din copilărie se preschimba încet în indignare. Văzând că iluziile lui Jamie aveau să se destrame, își dorise să plângă pe umărul lui. Însă, acum, și-ar fi dorit să-l scuture zdravăn. I-a vorbit soției lui Jamie cu obrajii arzând și cu ochii strălucind ca aprinși de febră:

– Sadie, oprește-te chiar acum din plâns. Trebuie să te stăpânești.

A adăugat, apoi, cu revoltă:

– Cum adică, nu are să ne ierte niciodată? Nu văd să aibă nimic de iertat.

– L-am ținut în ignoranță, a strigat Sadie, luptându-se vitejește cu lacrimile. Nimeni n-a bănuit cât de mult a însemnat pentru el să știe că s-a născut într-o familie bună. A vorbit despre asta mai tot timpul de când s-a născut copilul.

S-a întors tristă către doamna Pendleton.

– Vai, mătușă Ruth, e adevărat că Jimmy...

Doamna Pendleton ședea cu lacrimile curgându-i pe obraji, neizbutind să-i răspundă. Apoi Jimmy însuși a spus, cu voce gravă:

– Îmi pare foarte rău, Sadie. Aș da orice pe lume ca Jamie să nu fi aflat vreodată.

– Dar e sigur – sau doar o posibilitate?

John Pendleton și-a luat îndatorirea de a o lămuri.

– Nu rămâne urmă de îndoială, Sadie. Dar Jim a renunțat de bunăvoie la drepturile lui ca să-l cruțe pe Jamie. Nu înțeleg de ce, când noi suntem gata de orice sacrificiu, Jamie se poartă de parcă am fi conspirat împotriva lui.

Pollyanna a sărit grăbită în picioare. Mintea îi forfotea de gânduri. Latura ei practică deplângea cina irosită, servitorii nedumeriți care prindeau zvon de glasuri mânioase, salata și desertul care își așteptau rândul. Însă toate acestea aveau la fel de puțină însemnătate ca moliciunea patului pentru un muribund. Pollyanna știa că familia pe care o iubea din tot sufletul ajunsese într-un impas care ar fi putut arunca o umbră asupra multor ani de acum înainte. Și, pe deasupra, cu totul fără rost. Sângele îi fierbea la gândul fericirii irosite.

– Am să vorbesc cu Jamie, a strigat ea. Va fi nevoit să asculte de glasul rațiunii.

A urcat scările în goană. Jamie păstrase aceeași încăpere din ziua când sosise pentru prima oară în casa de pe Bulevardul Republicii, un băiețel olog în scaun cu rotile. Copilul de pe vremuri a prins viață în amintirile Pollyannei cu atâta limpezime, încât a făcut-o să uite, aproape, că de atunci crescuse și ajunsese un scriitor cu renume.

A bătut la ușă poruncitor. A așteptat câteva clipe fără să primească răspuns, apoi a bătut din nou.

S-a auzit un glas trist:

– Nu vreau să văd pe nimeni, te rog.

– Jamie Carew, a strigat Pollyanna, ca și cum l-ar fi mustrat pe Cel Mic. Deschide ușa îndată. Vreau să-ți vorbesc.

CAPITOLUL XXII

Jamie se face mare

Când te aștepți să ți se dea ascultare, deseori o vei și primi. Vocea fermă a Pollyannei l-a făcut pe Jamie să-i răspundă chemării ca și cum ar fi fost cu adevărat băiețelul la care ea se gândise. A șchiopătat până la ușă și a întors cheia în broască. De abia când Pollyanna a trecut pragul și-a înțeles greșeala, iar atunci, încercând să o repare, a strigat cu sălbăticie:

– Să nu scoți o vorbă, Pollyanna, nu vreau să te ascult. Nu vreau sprijin, nici măcar din partea ta.

Însă a avut parte de surpriza vieții lui. Pollyanna, întorcându-și chipul roșu de mânie către el, a izbucnit în râs. Jamie, uimit peste măsură, și-a uitat pentru o clipă jignirea. O privea cu ochi mari, lipsit de cuvinte.

– Dacă-ți închipui că am venit aici să te consolez, l-a lămurit Pollyanna, te înșeli mai mult ca niciodată!

S-a uitat în jur, căutând un scaun confortabil și, găsind unul pe gustul ei, s-a așezat ca și cum nu avea de gând să mai plece. Timp de o clipă, Jamie a așteptat, nehotărât, apoi s-a așezat și el.

– Dacă aș vrea să consolez pe cineva, a spus Pollyanna, alegându-și cuvintele cu grijă, aș alege-o pe mătușa Ruth. Sunt sigură că nimic nu doare mai mult decât nerecunoștința.

Jamie a tresărit puternic.

– Nu sunt nerecunoscător, a strigat el, cu glasul înăsprit de ranchiună. Dar sunt rănit. V-am iubit și mi-am pus în voi întreaga încredere, iar voi m-ați mințit, m-ați lăsat să trăiesc ani și ani în minciună. Am fost nedreptățit, păcălit, înșelat. Mi-am trăit întreaga viață închipuindu-mi că sunt fiul lui Doris Wetherby. Acum credința mi-a fost spulberată, iar viața mi s-a prăbușit în ruine.

Pollyanna a văzut cum îi zvâcnea chipul, iar mila a început să-i înmoaie inima. A așteptat până când a știut că putea vorbi fără tremur în glas.

– Te înțeleg, a spus ea, și știu că nu ar fi trebuit să te ținem în ignoranță. Numai calea cea dreaptă rămâne lipsită de primejdii. Dar știi de ce ți-am ascuns adevărul, firește.

– Păi, desigur, a râs Jamie într-un chip supărător. Doamnei Pendleton, după ce a azvârlit o grămadă de bani pe un sărăntoc, crezând că-i sânge din sângele ei, i s-a părut nedrept să-i dea de veste că nu-i cu nimic mai presus decât cerșetorul din colțul străzii. Și, cum îl ținuse atâta amar de ani în țara unde curge lapte și miere, s-a gândit că ar putea la fel de bine să-l lase să-și sfârșească zilele acolo.

Vocea calmă a Pollyannei i-a tăiat încă o dată avântul.

– Ai gânduri cam nesănătoase în ceea ce privește strămoșii, Jamie. Oamenii te prețuiesc pentru ceea ce ești, iar nimănui nu-i pasă cine ți-au fost părinții.

– Cum poți să crezi una ca asta? a izbucnit Jamie. E adevărat că am avut parte de succes, iar destui oameni nutresc oarecare bunăvoință pentru un biet olog care nu-și poate câștiga pâinea asemenea altora și s-a apucat astfel de scris. Însă, dacă îți închipui că nu m-ar disprețui dacă ar afla că sunt doar un vagabond fără nume și fără părinți, atunci nu știi prea multe despre viață, asta-i tot.

– Dar Jimmy s-a pus tocmai în situația asta și numai de dragul tău.

Atât de puțin se așteptase la asemenea vorbe, încât a rămas nedumerit.

– Ce spui acolo?

– Jimmy s-a născut într-o familie bună, la fel de bună ca oricare alta din America, însă puțini oameni o știu. Afară de mătușa Polly, se găsesc cu toții sub acoperișul acesta. Nu a cerut nici unul dintre privilegiile care i s-ar fi cuvenit de drept, nu doar lui, ci și copiilor noștri. Întreaga lume îl crede copilul nimănui, lipsit de orice moștenire. Dacă ar fi făcut cineva un asemenea sacrificiu pentru mine, aș fi simțit măcar o fărâmă de recunoștință.

Jamie s-a înfiorat.

– Jim a fost nemaiîntâlnit de generos, a spus el, după o clipă. Înțeleg că mi-a vrut numai binele. Însă e jignitor să fii tratat ca un copil.

– Și de ce nu te-am trata ca pe un copil? a întrebat Pollyanna cu voce joasă. Azi ne-ai dovedit tuturor că nu ne-am înșelat în această privință.

Jamie i-a aruncat o privire dușmănoasă, care le-ar fi înjunghiat pe Sadie și pe mătușa Polly drept în inimă, însă Pollyanna a înfruntat-o fără să clipească. Parcă nici nu-i trecea prin minte că ar fi putut fi mânios.

– Tocmai de asta se și temeau, l-a lămurit ea. Nu, îmi iau vorbele înapoi. Nu cred că mătușa Ruth și-a închipuit că te vei supăra pe ea. Nimeni nu și-ar fi închipuit, dacă mă gândesc mai bine. Dar credea că te va zdrobi să afli că nu tu ești Jamie cel pierdut. Când un bărbat nu e în stare să îndure adevărul, Jamie, oamenii sunt nevoiți să-l trateze ca pe un copil. Nu există altă alegere.

– Dar aș fi putut îndura, atunci, a izbucnit Jamie. Mi-aș fi orânduit viața întocmai. Poate că nici nu m-aș mai fi însurat...

– Sadie s-ar fi bucurat nespus, a spus Pollyanna. Știi, erați pe cale să vă vestiți logodna când Jimmy a aflat că el e adevăratul James Kent.

Jamie s-a făcut că nu aude.

– Îi sunt recunoscător mătușii... doamnei Pendleton pentru tot ceea ce a făcut pentru mine; însă, când mă gândesc că m-a lăsat să cred o minciună, să trăiesc în minciună, simt că n-aș putea-o ierta vreodată.

– Așa îi răsplătești dragostea și totuși spui că-i ești recunoscător.

– Ah, dragostea! a râs Jamie batjocoritor. Păi, când a aflat că a pus un sărăntoc în locul care i s-ar fi cuvenit adevăratului ei nepot, trebuie să mă fi urât de-a dreptul. Stă în firea omenească. E o femeie cumsecade și și-ar ascunde sentimentele, încercând să-și facă datoria față de mine, în timp ce, în adâncul sufletului, și-ar dori să nu-i fi ieșit vreodată în cale.

Pollyanna i-a tăiat vorba cu un glas la fel de aspru ca al lui.

– Vai, nesocotitule! a strigat ea. Vai, neghiobule!

Iar, când Jamie s-a uitat la ea uluit, de abia crezându-și urechilor, s-a grăbit să adauge:

– Nu înțelegi că mătușa Ruth a păstrat secretul pentru că a ajuns să te iubească mai mult decât pe cel care are tot dreptul la dragostea ei?

Jamie se uita la ea mut. Așa cum cei care suferă sub lovitura urgiei simt durere la cea mai mică înțepătură de ac, Jamie, pradă unei deznădejdi cumplite, nu îndura să fie numit neghiob, mai cu seamă de către Pollyanna. Dar, arătându-și disprețul, Pollyanna a purces să îl lămurească.

– L-a iubit pe Jimmy din clipa în care s-a născut. Când tatăl lui a dispărut împreună cu el, viața a părut să se sfârșească. Era o femeie bogată, chiar și atunci. Și-ar fi putut îndeplini orice dorință, afară de una, iar fără aceea, restul nu mai avea nici o însemnătate. Când am sosit în casa ei, am găsit cea mai nefericită femeie care îmi ieșise vreodată în cale. Apoi, în cele din urmă, după ani și ani, s-a petrecut lucrul pentru care se rugase cu disperare și dor. L-a găsit pe Jamie, copilul pierdut, mare acum, întocmai cum sperase.

Timp de o clipă s-au uitat unul la altul în tăcere, Pollyanna îmbujorată de emoție, Jamie alb la față ca varul. Și, când Pollyanna și-a reluat istorisirea, a vorbit cu o încetineală care dădea greutate fiecărui cuvânt.

– Și, când nepoțelul pe care-l iubea și după care tânjise a sosit acasă, altcineva îi luase locul. Ah, dacă Jimmy ar fi fost un om de nimic, ți-ar fi purtat pică. Nu încăpea vorba să te lipsească de drepturi. Mătușa Ruth te adoptase și, în ochii legii, poziția ta nu putea fi pusă la îndoială. Dar nu a fost îndeajuns. Jimmy s-a văzut nevoit să renunțe la drepturile *lui,* ca să te cruțe pe tine. Mătușa lui n-a putut să-l recunoască, de teamă să nu-ți îngreuneze ție viața. Firește că propunerea a venit din partea lui Jimmy; însă, dacă el n-ar fi stăruit, mătușa Ruth l-ar fi rugat chiar ea să o facă. Și de ce? Pentru că ajunsese să te iubească mai mult decât l-ar fi putut vreodată iubi pe el. Te apărase de atâtea necazuri, încât era gata să nedreptățească sânge din sângele ei ca să te cruțe de o dezamăgire care ți-ar fi frânt inima. Dacă nu l-aş fi iubit dintotdeauna pe Jimmy, cred că m-aş fi îndrăgostit cunoscându-i generozitatea. Nu cred că s-a gândit vreodată că mătușa lui i-a greșit cu ceva. În schimb tu – tu, cel pe care l-a adorat și pentru care și-a sacrificat nepotul – nu știi dacă o vei putea ierta vreodată!

Pollyanna și-a curmat șirul vorbelor. Se oprise la locul potrivit; dar îi mai rămăseseră atâtea lucruri de spus, încât entuziasmul ar fi purtat-o prea departe, dacă o priveliște îngrijorătoare nu i-ar fi pus stavilă. Ascultând-o, Jamie își plecase capul pe piept și, chiar atunci, a lăsat să-i scape un suspin înăbușit. Timp de o clipă s-a luptat să își țină în frâu durerea, dar, cum aceasta căpătase deja avânt, i-a fost peste puteri să-și stăpânească hohotele de plâns.

Pollyanna l-a privit nemișcată. Găsea cu totul lipsită de temei teoria care susține că glandele lacrimale îi sunt la fel de nefolositoare unui bărbat ca și apendicele. Descoperise că bărbații, spre deosebire de femei, aleg să plângă fără martori, și-i părea rău că Jamie își dăduse frâu liber lacrimilor în fața ei, însă nu se îndoia că o porție bună de plâns avea să-l facă să se simtă mai bine.

Jamie a plâns îndelung și cu patimă. Ba chiar, în ciuda stoicismului ei, Pollyanna a simțit înțepătura neliniștii, întrebându-se dacă nu cumva cuvintele ei răspicate îi pricinuiseră răni de nevindecat, după toți anii în care grija lor îi sporise sensibilitatea. Dar, spre marea ei ușurare, suspinele lui Jamie s-au rărit în cele din urmă. Pollyanna s-a ridicat de pe scaun, s-a furișat în spatele lui, într-o poziție strategică, și l-a bătut pe umăr.

– Jamie, dragă, ar trebui să îmi cer iertare. Mă tem că ți-am vorbit cu prea multă asprime.

Jamie s-a șters la ochi apăsat, și-a suflat nasul, apoi și-a îndreptat privirea în sus, către ea. Înfățișarea lui se abătea cu totul de la normele frumuseții. Obrajii-i erau vrâstați cu lacrimi, ochii înroșiți, nasul umflat, dar Pollyanna s-a bucurat să îi vadă astfel chipul.

– Ai putea fi un chirurg bun, Pollyanna. Mi-ai spus cuvinte dureroase, dar necesare. Am fost un neghiob, ba chiar mai mult. Am fost o brută nerecunoscătoare.

– Ai fost un copil, i-a spus Pollyanna cu afecțiune și i-a mângâiat părul.

– Da, și asta. E vremea să cresc mare. De ce nu te-ai ocupat de mine până acum, Pollyanna?

– Păi, am vrut, de ceva vreme; dar speram că micuțul James o va face în locul meu. Dacă-ți închipui, a spus Pollyanna cu mâhnire, că mi-a făcut plăcere să te rănesc astfel, te înșeli amarnic. Am să stau trează nopți în șir din pricina asta, odată ce mă răcoresc.

Jamie a prins-o de mână și a strâns-o mai grăitor decât o mie de cuvinte, căci, în privința sentimentelor, cei doi prieteni din copilărie sufereau de muțenia anglo-saxonă. Jamie, povestitor talentat, se bâlbâia și vorbea fără noimă în asemenea clipe.

– Pollyanna, a spus el șovăind, ai fost mereu îngerul meu păzitor. Îi datorez totul mătușii Ruth, dar pe mătușa Ruth ți-o datorez ție. Și niciodată, fetiță scumpă, nu mi-ai fost de mai mare ajutor decât în seara aceasta.

– Mă bucur că așa simți, Jamie.

Acum, când totul se sfârșise, iar victoria se afla în mâinile ei, Pollyanna nu-și mai dorea decât să plângă. Și-a înghițit cu greu lacrimile și a urmat:

– Dacă sunt îngerul tău păzitor, atunci ești un bărbat norocos, căci laolaltă cu mine mai stau de strajă încă doi, pe lângă care nu sunt mai mult decât unul din capetele acelea de heruvimi, cu aripi în dosul urechilor.

Jamie a râs, răgușit.

– Și am să le chem sus, a continuat Pollyanna, ca să le spui că a trecut furtuna. Căci trag speranță că așa este.

– Bine, dar numai după ce îmi primesc iertarea. Ah, nu, a mai rămas ceva de făcut. Întreaga lume trebuie să afle că Jimmy e nepotul mătușii Ruth.

– Ah, dar și-a pierdut orice însemnătate pentru noi, Jamie. Suntem oameni căsătoriți, între două vârste, a declarat Pollyanna, cu un chicot tineresc care îi dezmințea spusele. Și nu mai are nici un rost să dezgropăm trecutul.

– Ba da. Am drepturile mele, iar Jimmy trebuie să le aibă pe ale lui. O femeie ca mătușa Ruth, cu inima atât de încăpătoare, va găsi destulă dragoste de împărțit între un nepot și un fiu adoptiv.

– Ai dreptate, a spus Pollyanna. Am să o chem, împreună cu celălalt înger, și rămâne de datoria ta să le aduci la fel de multă fericire ca și mie.

Și-a luat rămas bun mângâindu-l pe umăr și a fugit în salon, unde o așteptau patru tovarăși mohorâți. Bărbații ședeau tăcuți și încrâncenați, iar femeile erau palide și înspăimântate.

Pollyanna a intrat triumfătoare, dându-le astfel vestea cea bună înainte să scoată măcar o vorbă.

– Totul e în regulă, a strigat ea. Vrea să le vadă pe mătușa Ruth și pe Sadie acum, pe loc. Ce bine că a aflat! Nu va mai trebui să ne ascundem și să ne ferim și să ne înghițim vorbele. Mă bucur atât de mult!

L-a luat pe Jimmy acasă apoi, ghicind că ar fi un chin pentru el, dar și pentru Jamie să se mai întâlnească în acea seară. Și, când au luat iarăși cina la familia Pendleton, au băgat de seamă că lui Jamie i se spunea acum James. Pollyanna nu a pus întrebări, ci a urmat de îndată exemplul. Jimmy a izbutit să facă la fel, după vreo două boacăne.

– Va fi greu de ținut minte, i-a mărturisit Pollyanna soțului ei, cu primul prilej. Dar mă bucur că vrea să-l strigăm James. Celălalt e nume de copil și se pare că Jamie – vreau să spun, James – a crescut în sfârșit mare.

CAPITOLUL XXIII

Standul cu limonadă

Mătușa Polly s-a întors din sud fără prea multă grabă. Cele două prietene au poposit în fiecare stațiune de pe litoral și au zăbovit mai bine de o lună în Washington. Apoi, când au ajuns într-un sfârșit în Boston, iar mătușa Polly a venit să-și petreacă ziua cu Pollyanna, neliniștea ei lăsa de înțeles că avea ceva pe suflet.

Nu a așteptat mult înainte să-și descarce povara. A deschis vorba cu multă băgare de seamă, cerându-și iertare că trăsese în Boston și nu în casa Pollyannei.

– Simt că-i de datoria mea, dragă, să petrec puțin timp și aici; însă Matilda, sărmana de ea, nu se descurcă fără mine. Poate crezi că exagerez, dar, când i-am spus că te-aș vizita câteva săptămâni, a cuprins-o groaza. Nu poate înfrunta gândul că rămâne singură.

– E minunat că-i aduci asemenea mângâiere, a spus Pollyanna cu tact, prefăcându-se că nu venise nici o clipă vorba despre ea și încercând în același timp, prin însuflețirea ei, să o liniștească pe mătușa Polly.

– Da, e plăcut să știi că prietenii îți prețuiesc atât de mult tovărășia, dar Matilda cere prea mult de la mine. S-a apucat să facă până și planuri pentru vară.

Mătușa Polly a tușit stingherită și s-a uitat la Pollyanna cu coada ochiului; însă, spre ușurarea ei, nu dădea nici un semn de supărare.

– Ce vrea să faceți la vară, mătușă Polly?

– Păi, se gândea să mergem în vest și să călătorim până în Alaska. Apoi, mai spre toamnă, dacă suntem amândouă sănătoase și dornice, i-ar plăcea să plecăm în Hawai și de acolo, în Japonia. Firește că ar fi foarte plăcut...

– Foarte plăcut! a strigat Pollyanna. Dumnezeule, mătușă Polly, numai atât poți să spui? În locul tău aș găsi un cuvânt care se ridică la înălțimea ocaziei. Aș spune că-i minunat și nemaipomenit și cu totul pe gustul meu.

Fără să-și dea seama, mătușa Polly a oftat cu atâta ușurare, încât Pollyanna și-a mușcat limba ca să nu izbucnească în râs.

– Recunosc că sună ademenitor. Mi-a plăcut dintotdeauna să călătoresc. Îmi doresc numai, a declarat mătușa Polly cu glas plângăreț, să mă pot rupe în două. O jumătate din mine să călătorească împreună cu Matilda, iar cealaltă jumătate să rămână aici și să-ți dea o mână de ajutor.

– Mergi și distrează-te cât mai poți, a râs Pollyanna. Anii mă ajung din urmă și în curând voi avea mare nevoie de tine. Însă, până atunci, nu-mi strică puțină muncă.

Apoi i-a pus întrebări despre călătoria în Alaska, bucurându-se să vadă că neliniștea mătușii Polly dispăruse aproape cu totul, iar acum, când cumplitul secret ieșise la iveală, își zugrăvea planurile cu adevărată mulțumire.

Căutând ispășire nu numai pentru absența-i îndelungată, ci și pentru călătoria mai lungă care avea să vină, mătușa Polly și-a petrecut nenumărate zile în casa Pollyannei. Venea singură îndeobște, dar doamna Aldrich o însoțea uneori, străduindu-se să-i facă pe plac Pollyannei în toate privințele. Își închipuia, fără îndoială, că-i făcuse o mare nedreptate răpindu-i sprijinul mătușii Polly și trăia cu teama că avea să-i spună în față ce credea despre un asemenea furt. Pollyanna nu izbutea să ghicească dacă doamna Aldrich se bucura să îi treacă pragul sau privea vizitele drept un fel de penitență, deși, după o întâmplare greu de uitat, înclina spre cea de a doua teorie. Se petrecuse într-o după-amiază, când Cel Mic și Judy vindeau limonadă pe gazonul din fața casei, vrând să strângă bani pentru săraci.

Molima standurilor cu limonadă lovise cartierul cu două săptămâni înainte. Pe gazonul cuiva apăruse o masă de bucătărie, iar pe masă, o carafă și câteva pahare. Copiii din vecinătate s-au scotocit de îndată prin buzunare după bănuți, gustând din limonada cam slabă pe cât le îngăduia generozitatea părinților. Nu fusese un caz izolat. Boala s-a răspândit neîntârziat, într-o formă neobișnuit de agresivă. A doua victimă a fost Jack Horner, iar cea de a treia, Philip. După ei s-au molipsit copiii Hamilton, urmați de tinerii Hunt. Apoi, spre marea uimire a Pollyannei, boala și-a arătat colții în casa familiei Richards.

– I-a dat mama ei voie să vândă limonadă? a întrebat Pollyanna neîncrezătoare când Cel Mic și Judy s-au înfățișat înaintea ei, cerându-i bani.

– Da, mamă, pe cuvântul nostru. Și Mary a spus că nu vrea asemenea năstrușnicii în curtea din față, iar doamna Richards i-a tras o săpuneală zdravănă.

Pollyanna a găsit vestea atât de plăcută, încât și-a îndoit obolul. Apoi, înțelegând că o asemenea răsplată lăsa de dorit, i-a sfătuit să folosească bănuții de prisos ca să cumpere limonadă copiilor mai strâmtorați.

Firește că nu au trecut mai mult de câteva zile înainte ca molima să ajungă în casa familiei Pendleton și, când Cel Mic a deschis vorba într-o seară, Pollyanna nu a avut nimic împotrivă. Nu-i plăcea să strice bucuria copiilor încuviințând doar cu jumătate de gură. Prin urmare, când Cel Mic a întrebat cu entuziasm dacă poate să vândă și el limonadă, Pollyanna i-a răspuns:

– Când ai vrea să începi?

– Mâine.

– Păi, desigur...

– Mămico, a răbufnit Judy, *eu* când pot să vând limonadă?

– Poți să-l ajuți pe Cel Mic. Dacă avem vreme bună, mâine va fi o zi la fel de potrivită ca oricare alta.

Judy s-a uitat la fratele ei cu ranchiună. Cei doi se iubeau nespus și nu se ciondăneau mai mult decât era de așteptat din partea unor copii vioi și obișnuiți, dar, când și când, Judy dădea semne neîndoielnice de gelozie.

– Cel Mic vrea să toarne doar el, a protestat ea.

– Vă dau câte o carafă la fiecare.

– Dar, mamă, Judy dă pe dinafară, a strigat Cel Mic.

– Nu are nici o însemnătate. Veți fi în grădină.

– Cel Mic vrea să păstreze el banii, a continuat Judy, încă nemulțumită.

– Nu-s banii mei, a strigat Cel Mic. Sunt pentru copiii săraci de la oraș, unde-i cumplit de cald și n-au nici păsări, nici păpădii, nici iarbă verde, nici vaci și nici... și nici...

– Nu-mi plac vacile, i-a tăiat Judy morocănoasă vorba.

– Păi, oricum, sunt pentru copiii sărmani, ca să poată merge și ei să se plimbe pe la țară. Nu-s banii *mei*.

– Puteți avea amândoi câte o pușculiță, le-a promis Pollyanna. O rugăm pe Nancy să ne împrumute masa cea lungă, ca să aveți destul loc.

Chiar și așa, după atâtea hatâruri, Judy nu s-a arătat împăcată.

– Mămico, a șoptit ea când Cel Mic s-a îndepărtat, mămico, îți place de Cel Mic?

– Dacă îmi place de Cel Mic? a repetat Pollyanna, luată cu adevărat prin surprindere. Păi, desigur. Ție nu?

– Păi... ba da, a recunoscut Judy fără tragere de inimă. Dar îmi doresc uneori să nu-l fi făcut Dumnezeu așa.

– În ce fel? a vrut să știe mama ei, cu uimire.

– Păi, știi tu, s-a strâmbat Judy cu nemăsurat dezgust. Plin de pistrui.

A doua zi, au inaugurat standul cu limonadă după îndrumările Pollyannei. Au așezat la marginea străzii o masă cu tăblie de faianță, iar îndărătul ei două scaune, pe care să-și tragă sufletul filantropii în clipele de răgaz. În mijlocul mesei trona o găleată cu limonadă, înzestrată cu gheață din plin și un polonic pentru umplut carafele. Cel Mic a primit o carafă mare de sticlă, iar Judy s-a mulțumit cu una mai mică, încredințată ei din pricină că era albastră. Fiecare copil primise câte o duzină de pahare și câte o cutie de lemn cu douăzeci și cinci de cenți, ca să poată da cumpărătorilor rest.

Pollyanna voia cu tot dinadinsul să-i învețe pe copii valoarea banilor. Văzuse prea multe femei care pregăteau prăjituri pentru târgurile de la biserică, cumpărându-le tot ele înapoi, ca să se poată mulțumi cu o generozitate atât de mărginită. A încercat să-i trezească Celui Mic curiozitatea în privința cifrelor de pe o coală de hârtie, reprezentând costul lămâilor și al zahărului, și le-a explicat celor doi copii cu de-amănuntul că acei bani vor trebui scăzuți din câștig, Fondul pentru Aer Curat urmând să primească diferența.

Afacerile au mers bine de la început. Doamna McGill și Philip au făcut parte dintre primii sosiți și, după ce a cumpărat câte o jumătate de pahar de la fiecare vânzător, doamna McGill a intrat în casă, lăsându-l pe Philip în voia lui.

– Dacă aș rămâne să mă uit, le-aș strica întreaga bucurie, i-a spus ea Pollyannei. Philip are douăzeci și cinci de cenți în buzunar și are să-i bea pe toți deodată, firește. Dacă aș sta prin preajmă, i-aș aminti fără încetare că a băut destul. Nu crezi că e mai bine să-l doară uneori stomacul, decât să-l țină cineva tot timpul în frâu, împiedicându-l să-și facă pe plac?

Pollyanna gândea cu și mai multă înțelepciune.

– Ah, nu are să-l doară stomacul. Nu după limonadă de douăzeci și cinci de cenți. Când vei cunoaște mai bine băieții, ai să rămâi uimită de câtă mâncare sunt în stare să mistuie.

Doamna McGill se uita pe fereastră la adunarea de copii, care amintea trecătorilor de un roi de albine, iar ochii îi străluceau.

– Pollyanna, a spus ea încet, nici nu-ți închipui cât de interesantă a devenit viața în ultimele câteva luni. Înainte curgea mai lin, firește. Îmi duceam planurile la bun sfârșit cu mai multă ușurință. Acum îmi ies tot felul de piedici în cale, iar uneori mă mânii sau am parte de neplăceri.

Și, cu toate acestea, iubesc viața mai mult decât oricând. E minunat să te trezești dimineața întrebându-te ce are să-ți aducă ziua. Înainte știam deja tot ce avea să se întâmple.

Pollyanna a privit-o cu înțelegere.

– Așa-i. Viața ta bine orânduită s-a preschimbat într-o aventură.

– Familia Carey l-a invitat marți pe Philip la cină, ca să le cunoască un verișor, a spus doamna McGill, coborându-și ușor glasul. M-am bucurat nespus. Nu mă dau în vânt după familia Carey, însă, dacă ei sunt gata să uite trecutul, o vor face și alții.

– Ți-am spus eu, a întrerupt-o Pollyanna. Prevăd că într-o zi...

Dar nu a apucat să-și încheie profeția, că doamna Richards a urcat scările și a strigat, cu mâna pe clopoțel:

– Doar un pahar, Inez, nici o picătură mai mult.

Deși scăpase de grija afacerilor, doamna Richards nu părea schimbată în vreun fel. Arăta încă slabă și ostenită, iar Pollyanna, întrebând despre sănătatea lui Inez, simțea mai multă îngrijorare pentru cea a mamei.

– Ah, Inez se însănătoșește pe zi ce trece, a răspuns doamna Richards, întinzându-se satisfăcută pe un fotoliu confortabil. Dar a rămas cumplit de sfioasă. Am fost nevoită...

A șovăit, neștiind dacă ar fi trebuit să-și urmeze mărturisirea, dar în cele din urmă a sfârșit ce avea de spus.

– Am fost nevoită să renunț la Mary.

– Ah, chiar așa? a strigat veselă Pollyanna.

– Firește că nu mi-a făcut nici o bucurie. Era o femeie harnică; dar o cicălea neîncetat pe Inez.

– Cred că face parte dintre oamenii care nu văd rostul copiilor pe lume, a spus doamna McGill. Care visează la o casă unde nimic nu se mișcă din loc și nimic nu se murdărește.

Doamna Richards a încuviințat din cap.

– Da, așa credea și Mary. Nu suferea să o vadă pe Inez fugind tot timpul în grădină și înapoi. Spunea că lasă muștele înăuntru. Îmi închipui că așa era; dar, la urma urmei, nu poți împiedica un copil să intre în propria casă doar ca să te poți feri de muște. Nu-i îngăduia să facă zgomot, nici măcar să cânte în surdină și înnebunea de-a dreptul când Inez primea oaspeți. Firește că a trebuit să pun piciorul în prag.

– Ai făcut o alegere bună, a spus Pollyanna, întrebându-se, însă, ce s-ar fi petrecut dacă doamna Richards ar fi rămas în oraș din zori până-n seară, ca și înainte. Pari obosită, a urmat ea cu milă. E greu să ții gospodăria când ți-ai pierdut obișnuința.

– Ah, am altă servitoare, a explicat doamna Richards. Nu-i la fel de sârguincioasă ca Mary, dar pare să aibă suflet bun. Cred că se va descurca de minune. Sunt, într-adevăr, obosită, a urmat ea, dar nu munca e pricina. M-am înscris la un curs de publicitate prin corespondență.

S-a oprit o clipă, ca şi cum uimirea gazdei sale ar fi bucurat-o.

– Fireşte că va trebui să-mi găsesc altceva de făcut. Iar în ziua de astăzi, publicitatea aduce bani frumoşi. Ar trebui să îmi meargă bine odată ce mă apuc. Pe deasupra, pot lucra în mare parte de acasă.

Pollyanna şi-a privit gânditoare vecina. Vremurile de cumpănă care îi schimbaseră profund întreaga viaţă nu izbutiseră să îi schimbe şi firea. Deşi boala lui Inez trezise în doamna Richards instinctul maternităţii, dorinţa de a-şi face un nume îi ardea la fel de puternic în suflet.

Doamna Richards încă mai vorbea cu entuziasm despre viitorul strălucit al noii ei profesii, când Pollyanna a sărit în picioare, cu un strigăt.

– Vai de mine! a exclamat ea cu spaimă neîndoielnică. Iat-o pe mătuşa Polly – şi pe doamna Aldrich.

Un automobil parcase în faţa casei, iar şoferul în uniformă le ajuta pe cele două doamne să coboare. Pollyanna le-a ieşit în întâmpinare. Printr-un noroc, amândouă s-au dovedit atât de preocupate, încât nu i-au băgat de seamă tulburarea.

– Pollyanna, ce înseamnă asta?

Cu mulţi ani înainte, mătuşa Polly i-ar fi vorbit Pollyannei întocmai la fel, dacă i-ar fi ieşit în cale cu un pisoi flămând în braţe. Iar Pollyanna, stăpâna casei şi mamă a trei copii, i-a răspuns cu supunerea unei fetiţe căreia tutorele ei îi cere socoteală.

– Păi, cei mici vând limonadă, mătușă Polly. Strâng bani pentru Fondul Aerului Curat, știi.

– Dar sunt prea mulți copii aici, a protestat mătușa Polly. Îți strică gazonul.

– Am hotărât cu mult timp în urmă, i-a explicat Pollyanna, prinzând curaj, că o să sacrificăm iarba, dacă ne vom vedea nevoiți să alegem între ea și copii.

– Și prea multă hărmălaie, a urmat mătușa Polly, în timp ce doamna Aldrich zâmbea șovăitor. Nu pot să-mi închipui ce spun vecinii.

– Ah, vecinii se află în aceeași barcă, a râs Pollyanna. Suntem asediați de standuri cu limonadă din toate direcțiile. Așa că nimeni nu are dreptul să se plângă de noi. Haideți înăuntru.

Mătușa Polly a intrat în casă și le-a dat binețe musafirelor Pollyannei cu tot disprețul menit standurilor cu limonadă de afară. Doamna Aldrich păstra pe chip zâmbetul chinuit al omului care, străduindu-se să împace două păreri cu totul diferite, invidiază îmblânzitorul de lei, ale cărui îndatoriri par în acea clipă mult mai ușoare.

Cu toate că standurile cu limonadă erau poveste veche în cartier, cel al micilor Pendleton nu ducea lipsă de mușterii. Toți copiii din vecini beau pe cât îi țineau burțile și buzunarele, iar trecătorii se opreau și ei pentru câte un pahar. Până și automobilele ocoleau pe alee. Nancy nu mai pridideau să strângă paharele și să le înapoieze strălucind de curățenie. Pușculițele zornăiau doldora, spre invidia tuturor.

În timp ce afacerile înfloreau afară, pacea dinăuntru fusese tulburată. Mătuşa Polly nu mai vorbea decât despre limonadă, despre vacarm, despre îmbulzeală, despre iarba călcată în picioare, despre faima nedorită pe care o căpătase reşedinţa familiei Pendleton. Şi, cum învinuirile au acelaşi urmări asupra conversaţiei ca zăpada asupra pajiştilor, celelalte musafire ale Pollyannei nu mai găseau nimic de spus. Doamna Richards a plecat cea dintâi, luând-o cu ea pe Inez. Doamna McGill i-a urmat, lăsându-l pe Philip să îngroaşe mulţimea din jurul standului. Iar mătuşa Polly, alungându-i pe toţi ceilalţi, a hotărât că venise vremea plecării, căci şoferul aşteptase îndeajuns.

Chipul expresiv al Pollyannei îi dezvăluia, poate, dezamăgirea mai mult decât ar fi fost de dorit. Şi poate din acea pricină doamna Aldrich, coborând pe alee, şi-a făcut cunoscută voinţa, ca niciodată.

– Polly, a spus ea cu hotărâre, vreau să beau un pahar cu limonadă.

– Limonadă? a repetat mătuşa Polly, uimită.

– Da, Polly. E o zi călduroasă. Cred... cred că m-ar înviora puţin.

Mătuşa Polly s-a uitat către standul cu limonadă şi a văzut, cu mulţumire, paharele fără pată. Apoi a cuprins cu privirea cele două feţe îmbujorate, iar mândria i-a izgonit orice nemulţumire. La urma urmei, copiii aceia frumoşi erau sânge din sângele ei.

Doamna Aldrich i-a citit schimbarea pe chip și s-a grăbit să folosească prilejul.

– Haide, Polly, a spus ea. Bea un pahar de limonadă cu mine. Pare rece și gustoasă.

Mătușa Polly și-a îngăduit un râset stânjenit.

– Firește că nu-i tocmai curată din pricina prafului, a spus ea, dar îmi închipui că pot risca, la fel ca toți ceilalți.

I-a vorbit apoi Celui Mic:

– V-a rămas destulă limonadă pentru două pahare?

– Ah, da, mătușă Polly, a răspuns Cel Mic, cu ochii strălucindu-i. Ne-a rămas o grămadă, pentru că Nancy o umple mereu cu gheață.

– Înțeleg, a spus mătușa Polly cu un zâmbet sumbru. Apa cu gheață e la fel de răcoritoare ca limonada, îmi închipui. Poți să-mi torni un pahar.

– Iar eu cumpăr de la Judy, a spus doamna Aldrich, mângâind fetița pe obraz.

Judy a înclinat încet carafa albastră și a umplut cel mai apropiat pahar cu o dibăcie care i-a uimit pe toți cei de față. Apoi, în timp ce mătușa Polly și-a băut limonada dintr-o răsuflare, doamna Aldrich a luat înghițituri mici, lăudându-i de fiecare dată prospețimea și plângându-se de zăpușeala din acea zi. În cele din urmă, după ce și-a golit paharul, a scos din poșetă două monezi lucioase de cinci cenți, așezând-o pe prima în fața Celui Mic, iar pe cea de a doua în mâna lui Judy.

Judy s-a uitat la bănuț cu nedumerire. Cum era o femeie de afaceri care vânduse limonadă timp de câteva ore, cei cinci cenți n-ar fi trebuit să-i facă prea multe greutăți. În pușculița ei se îmbulzeau deja numeroase asemenea monezi. Chibzuind cu o râvnă pe care o vedea limpede fiecare privitor, Judy a scos doi cenți din pușculiță și i-a întins cu solemnitate doamnei Aldrich.

Adunarea a izbucnit în râs.

– Nu-i nevoie, draga mea, a spus doamna Aldrich, mângâindu-i buclele cu blândețe. Un pahar de limonadă costă cinci cenți, nu-i așa?

– Daaa, a recunoscut Judy cu glas ascuțit.

– Păi, ți-am dat cinci cenți, la fel ca fratelui tău.

– Dar limonada mea nu-i la fel de bună ca a lui.

Au râs iar cu toții, iar doamna Aldrich, care se distra de minune trăgând de limbă copilul acela interesant, a întrebat:

– Și de ce nu?

Cum nu avea copii, nu cunoștea nici pericolele curiozității.

– E restul dumitale, a explicat răbdătoare Judy, întinzându-i cei doi bănuți. Limonada mea nu costă cât a Celui Mic pentru că... pentru că Jiggs a băut din carafă.

Doamna Aldrich a scos un strigăt de jale sfâșietoare. Mătușa Polly i-a ținut isonul. Fără să se mai uite în urmă, au luat-o la goană către limuzină. Pollyanna s-a grăbit să le prindă din urmă, vrând să-și ceară iertare în ciuda râsului care amenința să-i înece cuvintele. Jiggs, ostenit după o după-amiază plină de aventuri, zăcea pe iarbă la umbră, privind întrebător după cele două doamne. Urechea lui ciulită dădea de înțeles că, deși nu cunoștea pricina zarvei, oamenii îi păreau un soi cu totul straniu de animale.

Doamna Aldrich scăpase de ce era mai rău; dar, în ceea ce privea Fondul pentru Aer Curat, nenorocirile de abia începuseră. Sărmana Judy, care nu pricepea de ce doamna Aldrich refuzase restul oferit cu atâta generozitate, s-a lăsat cuprinsă și mai mult de uimire când mama ei a cerut să știe dacă Jiggs își potolise setea numai din carafa albastră. Când ceilalți copii i-au întărit mărturisirea că Jiggs gustase din limonadă numai o dată, potolindu-și setea numai din câteva înghițituri, Pollyanna a înhățat carafa și s-a grăbit să o ducă în bucătărie. Cel Mic s-a încruntat către sora lui.

– N-ar fi trebuit să le povestești despre asta, a dojenit-o el.

– Mămica zice să spun mereu adevărul.

– Păi, nu te-au întrebat dacă a băut Jiggs din carafă.

– Dar așa a făcut.

Cel Mic s-a înfuriat văzând că sora lui nu-i pricepea spusele.

– Când mai vindem limonadă, a vestit el, am să mă descurc singur. Tu n-o să ai voie nici măcar să te uiți.

– Ba da.

– Ba nu.

– Ba da.

– Ba nu.

Mai târziu, nimeni n-a putut să-și amintească întocmai ce se întâmplase. Înfruntându-se mânioși, nici Cel Mic și nici Judy n-au băgat de seamă că loveau în masă după fiecare strigăt. În cele din urmă, tăblia de porțelan s-a înclinat și s-a prăbușit la pământ, împreună cu tot ce se găsea deasupra. Limonada s-a împrăștiat nepărtinitoare pe o întindere însemnată de iarbă, dând prilej fiecărui firicel însetat să asemuiască băutura de modă nouă cu ploaia cea de toate zilele. Un cub de gheață s-a oprit peste o păpădie, iar nenorocoasa floare, crezând pesemne că sosise deja iarna, a murit înainte să afle adevărul. Gazonul era acoperit de bănuți de toate mărimile iar, printre ei, nenumărate cioburi de sticlă, tot ce mai rămăsese din carafă și din două duzini de pahare.

În timp ce Pollyanna, cu ajutorul lui Nancy, aduna banii și strângea cioburile – le spusese copiilor să stea deoparte, de teamă să nu se taie la degete –, Cel Mic și Judy ședeau unul lângă altul pe trepte, plângând în cor. Când toate sfărâmăturile au fost îndepărtate, iar oaspeții s-au împrăștiat pe la casele lor, micuții au dat în sfârșit semn că începeau să-și uite necazul.

– Mamă!

Era glasul Celui Mic, încă răgușit și plângăreț, dar purtând în el oarecare speranță.

– Mamă, am strâns o grămadă de bani pentru copiii săraci, nu-i așa?

Pollyanna a rămas o clipă pe gânduri. Lecția care ne învață că greșelile se plătesc e greu de însușit, iar mamele nu o predau nici ele cu ușurință. Privind chipurile îmbujorate și pătate de lacrimi ale micuților, inima Pollyannei s-a înmuiat. A răspuns cu glas slab:

– Mă tem că nu vor rămâne decât foarte puțini pentru Fondul Aerului Curat.

Amândoi copiii au tresărit.

– Dar, mamă, a strigat Cel Mic mustrător, am strâns o grămadă de bani.

– Dar, mămico, i-a ținut Judy isonul, am strâns o grămadă mare, mare de tot.

– Da, dar uitați că ați spart douăzeci și patru de pahare și o carafă. Firește că mama nu vi le-a dat pe cele mai bune, dar paharele costă un dolar duzina, iar carafa încă un dolar. Și, după ce plătiți pentru ele, pentru zahăr și pentru lămâi, mă tem că n-or să rămână prea mulți bani pentru Fondul Aerului Curat.

Jimmy nu putea decât să se bucure că fusese nevoit să ia cina în oraș. După ce toate facturile au fost plătite, Fondul s-a îmbogățit numai cu șapte cenți, ceea ce a aruncat o umbră asupra întregii după-amiezi. Iar rugăciunea de seară a Celui Mic a cuprins cererea de mai jos:

– Doamne, binecuvântează-l pe Jiggs și îndreaptă-i purtările, ca să nu ne mai strice planurile și altă dată.

Pollyanna l-a așteptat pe Jimmy până târziu și i-a povestit ce se petrecuse de îndată ce a trecut pragul. Apoi, râzând pe înfundate, au intrat în odaia copiilor ținându-se de mână, iar Jimmy a sărutat chipurile purtând, chiar și în somn, pecetea necazurilor din ziua care se sfârșise.

În timp ce-și priveau copiii dormind, Jimmy a înconjurat mijlocul Pollyannei cu brațul.

– Credeam că mamele cu băieți de vârsta Celui Mic nu pot fi decât matroane trupeșe, între două vârste. Nu pricep cum izbutești tu să arăți ca o fetiță.

Pollyanna s-a cuibărit mai bine în brațele lui.

– Pentru că mă distrez în fiecare zi de minune, l-a lămurit ea.

Între sprâncenele lui Jimmy s-a ivit o încrețitură.

– Ți-am promis înainte de nuntă că voi ajunge milionar într-o zi, draga mea. Mă tem că se va dovedi o promisiune greu de ținut.

– Suntem îndeajuns de bogați, a răspuns Pollyanna, cu mulțumire în glas.

– N-aș putea spune asta; dar nu pizmuiesc averea nimănui. Știi, Pollyanna, aud bărbați în toată firea, care par în stare de orice, plângându-se de viață de parcă ar fi o glumă nemaivăzut de proastă pe seama neamului omenesc. La birou, un coleg cârtește de fiecare dată când e nevoit să muncească. Tu muncești mai mult decât el și nu găsești că ți se face o nedreptate.

– Dar îmi iubesc munca! a exclamat Pollyanna, apoi a citat în șoaptă: „Doamne, înalță-mi dealuri în cale și dă-mi putere să le urc."[1]

---

[1] Fragment din poezia „Dealuri" ("Hills") a scriitorului american Arthur Guiterman (1871-1943) *(n. trad.)*.

Jimmy a prins-o cu mâna liberă de bărbie și i-a ridicat chipul. S-au privit în ochi îndelung și fără prefăcătorie, iar Pollyanna și-a spus că, dacă Jimmy ar fi nutrit măcar o fărâmă de regret, în acea clipă nu și l-ar mai fi putut ascunde. Și, oricât ar fi fost de straniu, Jimmy își spunea același lucru în privința ei.

– Atunci putem spune, doamnă Pendleton, că Jocul a trecut testul căsniciei, a tachinat-o Jimmy, ascunzându-și profunzimea sentimentelor în spatele unei glume, ca un bun american ce era.

Ochii Pollyannei au scânteiat.

– Ba nu, a vorbit ea deslușit. Încă de la nuntă, am jucat Jocul Bucuriei cu nespusă greutate.

– Chiar așa? a spumegat Jimmy, vrând să se simtă jignit, dar dând greș cu totul. Atunci cum dai socoteală pentru veselia cu care te tot lauzi?

– Tocmai din această pricină, prostuțule. Casa noastră dragă și tu și copiii îmi umpleți sufletul cu atâta lumină, încât nimic nu mă mai îndeamnă să caut lucruri care-mi aduc bucurie. Toate sunt la vedere, unde le poate găsi oricine. Îmi închipui că am să mă joc întreaga viață, însă alături de tine, dragul meu, e atât de ușor să fiu fericită!

Sfârșit

Cuprins

Comenzi:
www.librariasophia.ro

Difuzare:
SUPERGRAPH
Str. Ion Minulescu nr. 36, sector 3,
031216, București
Tel.: 021-320.61.19; fax: 021-319.10.84
e-mail: contact@supergraph.ro
www.librariasophia.ro
www.sophia.ro

Vă așteptăm la
LIBRĂRIA SOPHIA
str. Bibescu Vodă nr. 19,
040151, București, sector 4
(lângă Facultatea de Teologie)
tel. 021-336.10.00; 0722.266.618
www.librariasophia.ro

Tipar: ARTPRINT
E-mail: office@artprint.ro
Tel.: 021 336 36 33